Marco Marino

Sopravvivere alle brutte persone

Anche quando la brutta persona sei tu

CAIRO

Disegni di Andrea Boschini

ISBN 978-88-309-0474-3
Prima edizione: gennaio 2025

Sommario

SOPRAVVIVERE ALLE BRUTTE PERSONE

Dedicato alle persone sbagliate

Introduzione

Se stai leggendo queste righe si suppone che anche tu, come me, abbia trascorso buona parte della tua vita a domandarti quale sia la maniera migliore per interagire con gli altri esseri umani e se esista un modo sano di farlo, un trucchetto per circondarsi di persone positive, intelligenti e in gamba. Allo stesso modo, ti sarai chiesto come allontanare o gestire le persone negative, tossiche e dannose.

Probabilmente sei passato per le mie stesse fasi: in un primo stadio della tua vita, chiamiamolo "stadio ingenuo" – quella tappa che va dalla fine dell'infanzia alla tarda adolescenza –, hai interagito con gli altri esseri umani in maniera naïf, dando per scontato che capirsi fosse facile. In fin dei conti, avrai pensato, parliamo tutti la stessa lingua, riceviamo pressappoco la stessa educazione, condividiamo una morale di massima. Capirsi dovrebbe essere semplice, no?

Poi, però, sono nate le prime incomprensioni e anche le persone a cui volevi bene hanno iniziato a deluderti: un genitore che si rivela diverso dal supereroe che avevi idealizzato, le liti e i malintesi col fidanzatino o la fidanzatina, le prime amicizie che saltano per invidie o maldicenze.

A questo punto sei giunto a conclusioni più o meno drastiche che dipendono dalla quantità e dalla gravità di delusioni che hai subìto: nel migliore dei casi, quello in cui le "brutte persone" nella tua vita siano state solo una manciata, hai capito che non tutti là fuori hanno a cuore il tuo benessere e che quindi mettersi a nudo totalmente e con chiunque potrebbe essere un rischio. Per questo hai costruito una piccola armatura, per non regalare dosi eccessive di fiducia a chi potrebbe non meritarla.

Nel peggiore dei casi, quello in cui l'umanità sia stata davvero cattiva nei tuoi confronti, hai cominciato a covare dosi sempre crescenti di misantropia, e hai iniziato a chiederti perché esistano così tante persone che sembrano nate per farti star male.

Forse te la sei presa persino con te stesso, ti sei chiesto perché continui a tollerare comportamenti abusanti, prepotenze, menzogne e mille altre carognate, senza riuscire mai a liberarti davvero di chi, giorno dopo giorno, contribuisce a farti vivere in un costante stato di malessere e inadeguatezza.

Non preoccuparti, non sei il solo. Come ti dicevo, io stesso, prima di arrivare a scrivere queste pagine, mi sono ritrovato troppe volte intrappolato all'interno di rapporti umani deludenti. Le ho conosciute, prima ancora che studiate, le persone velenose: quelle svalutanti, quelle che riescono sempre a metterti in difficoltà, a insinuare dubbi, rabbia o frustrazione nella tua quotidianità. È un'arte, la loro. Mi piace chiamarla l'"arte del malessere". E se sei qui, immagino, è perché vuoi imparare a riconoscerla, a difenderti, e magari anche a controbattere.

Quello che troverai in queste pagine è una sorta di manuale di autodifesa, un viaggio tra i vari profili umani che con il loro modo di fare riescono a logorarci lentamente e subdolamente. Parlerò di tipi che forse avrai già sentito nominare, personaggi come il violento, l'invidioso, il bugiardo, l'arrogante, il pettegolo e via dicendo. La lista è lunga, lo sai meglio di me.

Ma attenzione: **questo non è un libro che accusa gli altri punto e basta**. Non pensare di cavartela così, di autoassolverti in automatico. Non sarebbe giusto e, soprattutto, non servirebbe a nulla. Il primo passo per liberarti dalle persone negative è chiederti se, a volte, non sia proprio tu il primo che avvelena l'aria attorno a sé. Magari senza volerlo, magari senza accorgertene, ma se c'è una cosa che ho imparato è che spesso, dietro i comportamenti più tossici degli altri, c'è anche un nostro *modus operandi* che alimenta la spirale.

Quindi il mio consiglio è questo: quando leggerai ognuno dei capitoli che seguono, chiediti sempre se la persona descritta non corrisponda al tuo stesso identikit, prima di associarle i lineamenti di un essere umano che ti ha fatto del male. Se non impari anzitutto a relazionarti in maniera sana con la persona che vedi davanti allo specchio ogni mattina appena ti svegli, difficilmente riuscirai a costruire rapporti sani con gli altri.

Forse non sarà una lettura comoda, forse riaccenderà in te alcuni traumi, ti ricorderà persone o eventi spiacevoli, ma ti prometto che, una volta riconosciuti i tuoi "nemici", saprai come neutralizzarli. Soprattutto, capirai come smettere di essere complice del tuo stesso malessere.

Benvenuto, dunque, nel mondo delle debolezze e delle asperità caratteriali. Il mio augurio è che, terminata questa lettura, tu riesca a eliminare ogni tossina residua e ad apprezzare quanto di buono c'è, ancora, nell'essere umano.

Il Violento

Luna storta o pessimo carattere?

Sono le sette del mattino, stai facendo colazione con la famiglia e, sbadatamente, tua figlia ti rovescia addosso una tazzina di caffè, macchiando inesorabilmente la tua cravatta preferita e l'adorata camicia bianca, che la sera prima avevi stirato con cura. A questo punto hai una via abbastanza facile da percorrere: puoi decidere di prendere il sentimento che stai provando, la rabbia, e di sfogarlo urlando addosso a tua figlia le peggiori offese, ricordandole quanto sia superficiale e incapace, quanto poco affidamento si possa fare su di lei e quanto il suo contributo in casa sia inutile, se non negativo.

Se scegli di assecondare questo istinto, probabilmente tua moglie interverrà in difesa della figlia, contestandoti i modi bruschi, e questo ti porterà a litigare anche con lei, logorando le tue energie mentali e facendoti perdere tempo prezioso. Il che vorrà dire accompagnare tua figlia a scuola in fretta e furia, premere un po' troppo sull'acceleratore e magari beccarti una multa per eccesso di velocità, cosa che ti porterà altra rabbia tra un paio di settimane, quando questa ti verrà notificata.

Nel frattempo, tua figlia a scuola ci arriverà comunque in ritardo e di questo si lamenterà con te, perché sosterrà sia colpa tua, della tua incapacità di chiudere i discorsi per star lì a litigare con lei e con la mamma. Dunque anche l'intero viaggio in auto si trasformerà in un totale incubo, vera e propria benzina per i tuoi livelli di stress.

Ovviamente, anche tu arriverai in ritardo al lavoro e ti sorbirai la ramanzina del capo e le risatine dei colleghi. Per aggiungere una ciliegina alla torta, puoi completare il disastro rispondendo male al primo o cascando nelle provocazioni dei tuoi colleghi, trasformando il battibecco con un collega in una vera propria zuffa che rischierà di farti perdere il lavoro.

Sì, so che questo non è il più probabile degli scenari che possono scaturire da un caffè versato per caso su una camicia, ma le conseguenze negative possono esserci eccome! E se queste arrivano, se una giornata iniziata male si trasforma in una concatenazione simile di eventi stressanti, di chi è la colpa? Di tua figlia? Del caffè? Di un matrimonio altalenante? Di un lavoro che non hai scelto e che non ti soddisfa? Di un capo opprimente?

Certamente tutte queste componenti possono contribuire a renderti la vita complessa e ad aumentare sempre più i tuoi sentimenti di frustrazione e rabbia, ma la verità è che tutto dipende da come scegli di esprimere queste emozioni, da quanto decidi di lasciarti trasportare nel gorgo dell'aggressività. Banalmente, una reazione diversa di fronte alla disattenzione di tua figlia avrebbe bloccato il domino di eventi negativi e rabbia sul nascere.

Per alcuni di noi, però, sfogare la rabbia sugli altri o

subirla quotidianamente potrebbe essere un'abitudine come un'altra, qualcosa su cui non sembra necessario porre l'accento.

Forse avrai notato, ad esempio, che esprimere la rabbia in maniera plateale e aggressiva è ancor oggi più socialmente accettato per gli uomini, mentre ci si aspetta dalle donne contegno e buone maniere (che non dovrebbe voler dire subire la rabbia altrui passivamente, ma a volte si trasforma in questo). Addirittura, sovente può capitare che un uomo che non esprime la propria rabbia venga accusato di essere poco "macho" o che una donna aggressiva sia etichettata come un "maschiaccio", il che di certo non ci aiuta a venir fuori da un gioco delle parti all'interno del quale la violenza verbale e fisica sembra quasi dover essere codificata a seconda del sesso.

Infatti, sebbene andando ad analizzare i crudi dati su aggressioni fisiche e omicidi le percentuali vedano gli uomini barbaramente in vantaggio sulle donne in quanto a crimini commessi, questo certo non prova l'esistenza di una sorta di "gene dell'aggressività" insito nel maschio.

«Se si guarda alle statistiche sugli scontri fisici all'interno di una coppia sposata» afferma lo psicologo canadese Jordan Peterson «le donne attaccano i mariti più spesso di quanto i mariti attacchino le mogli. Perché? Be', supponiamo che non ci sia una ragione particolare e che in una relazione entrambi i coniugi abbiano la stessa probabilità di arrabbiarsi: le donne sanno che se colpiscono il loro marito probabilmente non accadrà nulla. Se sei una donna bassina e tuo marito è alto quanto me, a meno che tu non mi colpisca con un oggetto o un qualcosa di tagliente, la probabilità che mi causi qualche danno serio è piuttosto bassa. Certo, potresti procurarmi dolore. Ma se io faccio il contrario, e colpisco te e ti colpisco davvero, allora potrei ucciderti.»

Al di là delle speculazioni su comportamenti socialmente acquisiti, non ci sono studi che dimostrino una maggiore propensione innata alla violenza nei maschi (o viceversa nelle femmine), quindi la prima cosa da sapere quando si parla di violenza e aggressività è che essa può venir fuori da chiunque e in qualunque situazione.

Ho scelto di iniziare con questo preambolo, anziché addentrarmi subito nell'identikit della persona aggressiva, perché vorrei che come prima cosa ti facessi una domanda: *E se fossi* io *la persona aggressiva da cui gli altri dovrebbero allontanarsi per vivere meglio?*

Se ti riconosci nella descrizione della persona caratterialmente aggressiva, prendi queste pagine come un esame di coscienza. Se invece ti capita più spesso di sentirti incapace di rispondere alla prepotenza che gli altri esercitano su di te, non preoccuparti: cercherò di offrirti tutti gli strumenti di cui hai bisogno per farti valere.

Anzitutto devi sapere che una violenza verbale esercitata con costanza su di noi ci angustia, ci squalifica, ci frustra e ci riempie di risentimento, facendoci entrare in sabbie mobili dalle quali è complicato saltar fuori.

Pensa alle ultime volte che hai provato rabbia. Ti è capitato di dire, ad alta voce o tra te e te, «Meglio che io non risponda!» e accumulare però del risentimento? Questo comportamento può essere saggio se evita delle discussioni che non portano a nulla, ma se messo in atto costantemente e nei confronti della stessa persona può voler dire sottomettersi a un sopruso. Inizia a riconsiderare tutte le volte che hai ingoiato il rospo e chiediti se l'hai fatto per intelligenza o per timore di esprimere ciò che sentivi.

Nella maggior parte dei casi, le persone non aggressive tendono a sopportare, tollerare e respingere la violenza che ricevono, ma il più delle volte ignorare qualcosa non serve a farlo cessare di esistere. E, tuttavia, nemmeno reagire alla violenza con la violenza è funzionale, anzi serve solo a farsi trascinare in un vortice di sentimenti negativi.

Se subisci l'aggressività troppo spesso, sappi che non puoi passare la vita a sopportare: è ora di iniziare a comandare il tuo destino e i tuoi stati d'animo, anziché essere dominato da quelli altrui. Identifica le parole, i toni, i gesti che ti hanno ferito in passato e non lasciare che vengano usati di nuovo contro di te.

Il primo passo, in questo cammino che può essere impervio ma che ti darà soddisfazioni, è smettere di sperare che siano gli altri a cambiare atteggiamento nei tuoi confronti, perché probabilmente non accadrà. Se vuoi migliorare la qualità della tua vita non puoi affidarti agli esami di coscienza altrui, ma devi vedere la questione come un tuo problema, che, come tale, va risolto dall'interno.

Lo scopo non è non provare rabbia, ma imparare a esprimerla, anche e soprattutto in risposta alla rabbia degli altri. Mettere un freno alla violenza ci consente di migliorare la nostra autostima, di stare in pace con noi stessi e di fare scelte migliori rispetto alle persone che decidiamo di avere a fianco nella vita.

Prigionieri della violenza

Tutti quanti, almeno una volta nella vita, siamo stati aggressivi, se non altro a fronte di comportamenti altrui che ci hanno portato all'esasperazione. Tuttavia, c'è una grande differenza tra avere comportamenti aggressivi, siano essi verbali o fisici, ed essere invece delle persone caratterialmente aggressive, che utilizzano modalità e toni comunicativi costantemente votati allo scontro.

Avere a che fare ogni giorno con persone aggressive è complesso, a volte è un vero esercizio zen, dal momento che esse possono accendersi in qualsiasi istante e contaminare così l'ambiente di pace che vorremmo avere attorno a noi. E, d'altronde, spesso con questo tipo di persone nemmeno mantenere la calma serve, anzi può contribuire a far degenerare la situazione.

Chi utilizza l'aggressività non è disincentivato da risposte pacifiche, anzi spesso si infervora ancor di più se vede che il suo interlocutore resta calmo, poiché si sente impotente. Di fronte a chi non si agita né si offende ma conserva una calma serafica, solitamente egli replica con risposte sempre più affilate, nel disperato tentativo di suscitare una reazione.

A questo punto si potrebbe pensare che a un aggressivo sia meglio rispondere a tono, colpo su colpo, ma anche questo non sarebbe funzionale: rischierebbe di generare un'escalation, un vortice di rabbia che finirebbe per inghiottire anche noi.

La verità è che l'unico comportamento capace di placare un aggressivo è la sottomissione, poiché egli ricerca il dominio e ha come scopo quello di affermarsi mediante urla e improperi.

Sono abbastanza certo che leggendo questa descrizione ti sia subito venuto in mente qualcuno, una persona che usa la rabbia per imporre la sua volontà su di te, sia essa un familiare, un capo, un conoscente o il tuo partner. In questo capitolo cercherò di darti qualche strumento per riconoscere questo tipo di persone e non farti sottomettere da esse.

Mantenere una comunicazione sana con un aggressivo, come avrai capito, richiede grande equilibrio emozionale e controllo degli istinti, ma anche abbastanza coraggio per non abbassare la testa.

Per essere aggressivi non serve prendere a cazzotti la gente: alcuni esseri umani vivono la violenza verbale come qualcosa di intrinseco, qualcosa che rilasciano attorno a sé in ogni contesto e che lentamente usura tutti coloro che gravitano nello stesso ambiente.

Se sei mai stato a contatto diretto e prolungato con una di queste persone, certamente ti sarai ritrovato a pregare che si svegliasse al mattino senza la luna storta, a sperare che al ritorno dal lavoro fosse di buon umore, perché altrimenti a farne le spese sarebbe stato anche il tuo umore. E magari, incapace di reagire o temendo di peggiorare la situazione, in tanti casi hai scelto di sottometterti, di sacrificare la tua volontà e magari anche la tua felicità solo per evitare lo scontro con un aggressivo.

Quanto tempo hai speso a pensare a possibili strade per comunicare con una persona irascibile? Quante paranoie mentali rispetto a che tono usare, a come dire questo o quello col maggior tatto possibile, a cercare il momento propizio per parlarci... «Questo lo dovrei dire così o cosà? Forse però dovrei rimandare la conversazione a domani, oggi mi sembra troppo nervoso.» Mille dubbi e preoccupazioni derivanti solo dalla potenziale minaccia che quella persona rappresenta e, inoltre, totalmente inutili, poiché se un aggressivo decide di scagliare la sua furia su di te lo farà nonostante ogni tua accortezza.

La prima cosa che devi sapere, quindi, è che dovrebbe

essere la persona dall'umore incandescente a migliorare la propria capacità di relazionarsi con gli altri, e non tu a dover selezionare e soppesare accuratamente ogni parola e ogni gesto.

Ma come possiamo riconoscere una persona aggressiva? Certamente le caratteristiche più evidenti sono le urla, la violenza verbale, i maltrattamenti, lo sfogo di ferocia fisica contro oggetti ed esseri umani. Tuttavia, l'aggressività passa anche per mezzi più sottili, come ad esempio l'attitudine a sminuire, svalutare e denigrare costantemente l'altro.

L'aggressivo sa anche essere in alcuni casi ironico, può mostrarsi intimidatorio oppure offensivo. Non importa quale sia il contesto o l'argomento di cui tu e lui state discutendo, il suo scopo sarà sempre quello di incuterti timore e di assicurarsi il dominio su di te, l'affermazione della sua autorità.

In gran parte dei casi, l'aggressività di queste persone nasce da un'insicurezza caratteriale che impedisce loro di creare legami sani e relazioni che non siano basate sulla dominanza.

Non sempre l'aggressività di questi individui è subito manifesta. Le prime volte in cui ti sei trovato a discutere con un iracondo, probabilmente sarai rimasto stupito dalla sua trasformazione e avrai pensato: *Questa persona covava tutta questa rabbia dentro sé e non me ne sono accorto prima?*

Se consenti però a quella persona di riversare su di te tutta la sua negatività, se ti fai trascinare ogni volta nel suo campo di battaglia fatto di insulti e nervi a fior di pelle, la autorizzi a fare di te la sua vittima, accetti le regole del suo gioco.

Il suo scopo, in ogni scontro, è quello di farti sentire debole, insicuro, incapace. Una nullità al suo cospetto. Vuole che tu sappia che lui e solo lui ha la capacità e l'autorità di decidere ciò che è giusto, di portare a compimento quello che si propone. Il rischio è quello di assecondare questa sua idea solo per fuggire il più velocemente dall'arena di combattimento, di cedere su ogni punto pur di evitare il confronto con lui, anche a costo di farti carico di ogni sua accusa, di ogni parola che ti contesta e di ogni azione di cui ti ritiene diretto responsabile, a prescindere da quale sia la verità.

E alla fine di ogni scontro, di ogni futile discussione, c'è una domanda che riecheggerà nella tua mente: *Ma cosa ho fatto per meritarmi questo?*

La verità è che probabilmente tu non hai fatto niente. In qualsiasi modo tu agisca, il violento troverà sempre un pretesto per aggredirti, proprio come un bullo troverà sempre un motivo per prendersela col più debole della classe, anche se quello se ne sta lì nel suo angolino senza dar fastidio a nessuno.

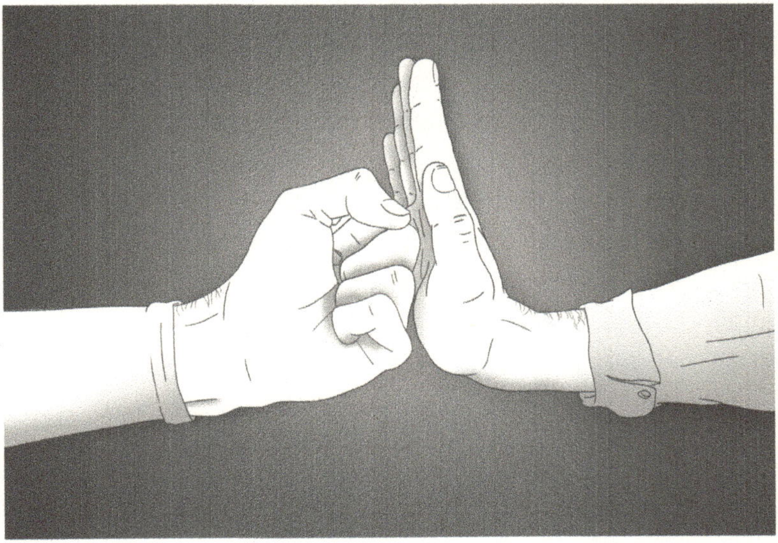

Distinguere un violento

Benché ogni essere umano caratterialmente aggressivo possa declinare la sua instabilità emotiva in diversi modi, ci sono alcune caratteristiche che sono mediamente presenti in quasi tutti questi individui. Andiamo a vedere, nello specifico, quali sono i tratti distintivi di una persona aggressiva:

- irascibilità;
- capacità manipolatoria;
- presunzione;
- ambivalenza;
- condotte violente;
- sarcasmo;
- instabilità;
- prevaricazione.

In tutto ciò che la persona aggressiva dice o fa, certamente non c'è mai un complimento, dal momento che il suo più grande bisogno è quello di sminuire. E nei rari casi in cui c'è un complimento, puntualmente è seguito da un «ma»: «Complimenti per la tua laurea... Anche se certamente non è un percorso difficile come Giurisprudenza o Medicina, è comunque un bel traguardo».

Anche se si complimenta con te, l'aggressivo lo fa sminuendoti o mettendoci del sarcasmo.

Se fa qualcosa per gli altri, la persona aggressiva trova immediatamente il modo di rinfacciarlo, con costanti paragoni con le mancanze altrui: «Buona la pasta, vero? Non come quella roba insipida che cucini di solito tu!».

Se qualcosa nella sua vita non va, addossa sempre la colpa a qualcun altro: «Dov'è il mio computer? Come sempre sei inutile quando ti chiedo qualcosa, sicuramente l'avrai preso tu e non ricordi dove l'hai messo».

Anche se si ha ragione, è difficile sostenere una conversazione con un aggressivo, poiché egli vede la realtà solo sotto la lente della sua arroganza.

Inoltre, poiché è instabile, l'aggressivo è in grado di trattarti con grande ambivalenza: se ti dice che sei la persona più importante del mondo, aspettati che poco dopo possa dirti che sei un buono a nulla, tenendoti sempre sul filo del rasoio. Non tutte le persone aggressive si comportano così in chiave manipolatoria, per il semplice fatto che non tutti gli aggressivi sono consapevoli della loro instabilità e di come essa possa giocare a loro favore se usata come ricatto emotivo.

Nel caso in cui l'individuo aggressivo sia anche manipolatore, però, senza dubbio avrà come scopo quello di disorientarti con la sua ambivalenza, così che tu distolga lo sguardo dai tuoi obiettivi e dalla tua realizzazione personale per concentrare ogni energia su di lui, cercando di capire come parlargli, come trattarlo, come averci a che fare senza che esploda.

È molto complesso, in contesti dove la violenza regna sovrana, arrivare a creare legami e relazioni sane. Anzi, chi ha a che fare con un compagno, un padre o un familiare violento spesso entra in una dinamica di diffidenza, poiché rischia di generalizzare l'aggressività che subisce e di estenderla a macrocategorie (ad esempio «Tutti gli uomini sono violenti»), perdendo così fiducia nel prossimo. Si inizia a pensare allora in termini di sopravvivenza, valutando solo cosa si deve dire e cosa invece omettere per garantire il contenimento della rabbia della persona temuta.

Gli obiettivi della persona aggressiva

Come già accennato, lo scopo della persona violenta è l'affermazione di sé e del proprio predominio, ma ciò è ottenuto mediante piccoli obiettivi secondari.

Uno di essi è senz'altro confonderti, far passare le tue azioni normali per anormali e viceversa. Inoltre, forzerà le tue azioni mediante atti intimidatori o ricatti morali, restringendo giorno dopo giorno i tuoi gradi di libertà. L'aggressivo conosce bene il potere dei suoi soprusi: sa che ogni parola urlata dalla sua bocca ha come conseguenza un tuo silenzio, che ogni sua emozione iper-espressa ti porta a non verbalizzare le tue, a chiuderti sempre più a riccio, ingabbiato dalla paura che lui è in grado di suscitare.

Pensiamo, ad esempio, all'ambito lavorativo: molti leader, o presunti tali, utilizzano l'aggressione verbale come unica forma di interazione con i loro sottoposti, credendo che questo sia il solo modo per ottenere da essi un lavoro ben fatto. Immagina di essere un giornalista alle prese con un articolo a cui lavori da ore, e che il caporedattore venga da te e ti dica: «Stai ancora lavorando a quell'articolo? Tutto questo tempo per buttare giù due righe? Sei proprio un incompetente come la metà della gente qui dentro, non so chi ti abbia assunto ma, se fosse per me, saresti già sul divano di casa tua!».

Come la prenderesti? Ti assicuro che c'è gente che va al lavoro ogni giorno sentendosi dire frasi del genere, senza alcun diritto di replica. Restare in silenzio, in un clima così animoso, sarebbe già di per sé naturale. A maggior ragione lo diventa se si è sotto il giogo di un ricatto, come può essere il rischio di licenziamento.

Il problema, però, è che si perde di vista l'obiettivo: se vivo un clima lavorativo del genere, non vado in ufficio con lo scopo di creare contenuti di qualità, ma con la preoccupazione di dover evitare le sfuriate del mio capo.

L'esempio del contesto lavorativo è solo uno dei tanti in cui non ci è possibile evitare il contatto con una persona aggressiva. In casi come questo occorre comprendere quali siano le chiavi per instaurare un dialogo non tossico con questo tipo di persone.

Le strategie dell'aggressivo

Si potrebbe pensare, ingenuamente, che una persona aggressiva viva puramente in preda agli istinti, che non sappia ponderare le proprie azioni, che non sia in grado di mettere in atto comportamenti strategici. Tutt'altro. Nella versione più calcolatrice di questo tipo di carattere, ovvero quella passivo-aggressiva, possiamo ammirare grandissime capacità di calcolo e premeditazione.

In generale, un violento sa benissimo di coinvolgerti, con i suoi comportamenti, in una guerra che lui ha iniziato e lui desidera ardentemente, poiché nel campo di battaglia degli iracondi sa di non avere rivali.

Le sue offese e i suoi attacchi non sono mai casuali: egli conosce a memoria ogni tuo punto debole, ogni tallone d'Achille da colpire con le sue frecce, siano esse dirette e brutali (come nel caso della persona puramente aggressiva) o subdole e furtive (se a colpire è il passivo-aggressivo).

Tra le armi che più di frequente utilizza, abbiamo:

• L'ORGOGLIO

C'è una parola magica con la quale l'aggressivo esprime tutto il suo orgoglio, due semplici lettere che bastano a farti capire che lui può fare tutto e può farlo da solo, senza il supporto di figure insulse come te: il «no».

Attraverso questa parola egli afferma il suo controllo sulla situazione e il predominio su di te, sminuendo anche le tue migliori intenzioni. «Hai bisogno di una mano?» «No», «Hai due minuti per me?» «No», «Posso esserti utile?» «No», «Ti è piaciuto il pranzo?» «No».

La sua prima risposta, a prescindere dalla domanda che gli viene rivolta, sarà sempre «no», il che lo rende profondamente incapace a livello sociale, una persona priva di tatto ed empatia, ma anche, secondo lui, un "duro". La convinzione di mostrarsi forte e al contempo sminuire le intenzioni dell'interlocutore attraverso i «no» fa scivolare ogni giorno di più l'aggressivo in un gorgo di solitudine, creando uno spazio a cui chiunque, anche i suoi cari, ha paura di accedere. Questo dà però al violento l'occasione di passare per la vittima della situazione, e lui lo sa bene. Chiudendosi nella sua solitudine, infatti, egli potrà finalmente etichettarsi come il diverso, la pecora nera rifiutata da tutti solo per il suo carattere controverso. Il che gli fornisce un perfetto assist per mostrarsi ancor più rabbioso e rancoroso verso il mondo.

Oltre al «no», il violento sceglie con cura e premeditazione ogni parola con cui svilirti. Sa bene ciò che vuole ottenere da te: paura e sottomissione. Per questo usa un linguaggio volto a sminuirti costantemente e a evidenziare i tuoi errori.

Ovviamente, sebbene a volte possa chiedere perdono per la propria aggressività, salvo poi tornare a mostrarla a distanza di poco tempo, l'aggressivo si guarda bene dall'usare la parola «scusa». Il massimo che può accadere è che si scusi per i modi bruschi, ma nelle sue intenzioni è convinto di essere infallibile, la ragione è sempre dalla sua.

• I GESTI, IL TONO DI VOCE, LA POSTURA

Proprio come un leone che tenta di affermare il proprio predominio ruggendo più forte dell'altro, la persona aggressiva usa un tono di voce spesso elevato per marcare il territorio e intimidire gli interlocutori, scoraggiandoli dal controbattere con qualsiasi tipo di risposta.

Quante insinuazioni e minacce è possibile creare semplicemente alterando il tono con cui viene detta una parola? «Hai ragione» può essere dolce e veritiero o sarcastico e umiliante, «Smettila» può essere una richiesta supplicata o una minaccia urlata con occhi sgranati e tono delirante.

Generalmente, il tono di voce dell'aggressivo ti fa capire da subito che il suo scopo non è quello di giungere a un compromesso; piuttosto, quel che gli interessa è solo scatenare la battaglia. Ma tu puoi lavorare sulle sue risposte, tentando di disinnescare la sua voglia di lite.

Per quanto banale sia, il semplice atto di scegliere con cura un tono conciliante potrebbe prevenire tante discussioni e fraintendimenti, salvare tante relazioni complicate, evitare tante rotture e scongiurare tante lacrime.

Ironia e sarcasmo dovrebbero essere lasciati da parte se si vuole creare un dialogo, in quanto ingredienti fondamentali di un *modus operandi* aggressivo. Se scegliamo di stare al gioco di chi ci attacca e rispondiamo con la stessa asprezza, tutto ciò che trasmetteremo sarà il tono caustico delle nostre parole, e non il reale messaggio che le stesse vogliono comunicare. Tutte le emozioni forti – rabbia, affetto, amarezza, entusiasmo, paura – sono definite più dal tono che utilizziamo che dal reale significato delle parole. A volte basta un urlo di tonalità differente per distinguere felicità e spavento.

Per questo è fondamentale, nel momento di scontro con l'aggressivo, tentare di comunicare il nostro messaggio rimuovendo la carica emozionale e ponendo l'accento sul contenuto delle parole stesse, al fine di massimizzare il risultato comunicativo che vogliamo ottenere.

Il tono di voce è il grilletto delle nostre emozioni, e non sempre spararle addosso a chi ci ascolta è il modo migliore per comunicare bene e ottenere le risposte che vorremmo. Rispondere alla disregolazione emotiva e comunicativa dell'aggressivo con le sue stesse armi è praticamente un suicidio.

Dunque, prima di rispondere a chi ti aggredisce verbalmente, chiediti sempre cosa vuoi ottenere con le parole che stai per pronunciare e che risposta ti aspetti di ricevere in cambio.

Così facendo, la tua condotta sarà impeccabile e avrai fatto del tuo meglio per ricercare la comprensione da parte dell'altro; se eventuali risposte aggressive dovessero persistere, non sarà certo per tua responsabilità.

Per quanto riguarda invece la postura, la persona aggressiva tende a non rispettare i confini, riducendo la distanza prossemica al minimo. Infrangere le norme di distanza sociale, portandosi a pochi centimetri dal viso di qualcuno senza il suo consenso, indurrà probabilmente quel qualcuno a spintonarlo via, per ristabilire un corretto distacco fisico. Ma la persona aggressiva questo lo sa bene: difatti non attende altro che un pretesto come uno spintone per sentirsi legittimata a replicare il contatto fisico e rincarare la dose di violenza. Egli spera solo che tu gli metta una mano addosso per potertene mettere addosso due. Evitare di innescare il contatto fisico con una persona aggressiva è la base per non dare il via al circolo di violenza che desidera.

Oltre a questo, l'aggressivo utilizza gesti intimidatori come pugni chiusi, mani per aria e distruzione di oggetti per affermare le sue ragioni. Se ciò non basta, se ancora egli sente di non riuscire a imporsi contro il suo "contendente" nella lite, finisce per ricorrere per primo alla violenza fisica, ultima *ratio* per tentare di dimostrare la propria supremazia.

Come tutte le strategie che mette in atto, l'intimidazione mediante voce, postura e gesti genera naturalmente nell'altro una forma di rifiuto e allontanamento. Nessuno desidera assecondare un rissoso o un intimidatore, anzi, in quanto esseri umani tendiamo a far prevalere l'istinto di conservazione, che ci porta a ripudiare chi mette a repentaglio la nostra sopravvivenza (o, purtroppo, a sottometterci a lui per timore che possa farci del male). Il guaio arriva appunto nel momento in cui si provano sentimenti ambivalenti nei confronti dell'aggressivo: se io amo il mio persecutore, per quanto brutalmente mi tratti farò fatica ad allontanarmi da lui; se io dipendo da lui economicamente, eviterò di abbandonarlo per timore che la mia sopravvivenza sia messa a repentaglio dalla sua assenza più che dalla sua presenza.

Ma se io non sono dipendente dal mio aggressore né provo sentimenti di amore per lui, perché mai dovrei scegliere deliberatamente di lavorarci assieme o di stabilirci un vincolo relazionale? Perché dovrei volutamente stare a contatto continuo con chi mi svilisce, mi degrada, mi umilia, mi svaluta, mi sottostima e mi offende? La cosa più naturale è isolare questo tipo di persone e, al contrario, circondarsi di chi ci stima e ci stimola, di chi ci trasmette sicurezza in noi stessi, di chi rende il dialogo e la collaborazione più fluidi e armoniosi.

Come affrontare una persona aggressiva

In molti casi le persone aggressive tendono a condurre la nostra pazienza al limite estremo di sopportazione e a risvegliare i nostri peggiori istinti, per poi farci cadere nel tranello dei sensi di colpa e in un pensiero ruminante che suona più o meno così: *Ma perché non posso liberarmi di questa continua tensione e vivere in santa pace?*

Purtroppo, se aspetti che sia l'ostile a cambiare spontaneamente il suo modo di fare, stai sprecando il tuo tempo. Quindi è fondamentale capire in che modo tu stesso puoi prendere in mano la situazione e cambiare le carte in tavola.

Quando subiamo aggressioni verbali, di solito reagiamo in uno di questi modi:

- Replichiamo con un attacco della stessa portata.
- Prendiamo un bel respiro, contiamo fino a dieci e tentiamo di rispondere in modo pacato.
- Cerchiamo di ostentare indifferenza e di non dar peso all'attacco ricevuto.
- Urliamo e insultiamo ancor più veementemente.
- Contrattacchiamo, magari ricacciando fuori il passato.
- Ci difendiamo nel merito delle accuse subite, senza rinfacciare vecchi episodi.
- Analizziamo l'accusa subita con lucidità e senza farci trasportare dalle emozioni.

A una prima occhiata, l'analisi lucida è l'opzione che più ci tutela da altre aggressioni. Quest'ultima, come vedremo più avanti in questo capitolo, diventa ancor più efficace se formulata in termini di domanda, una sorta di «Quindi mi stai dicendo che...», una dimostrazione di sincero interesse verso il parere altrui, senza però condividerne i toni aggressivi. Ricorda che qualunque sia il gesto o la parola che sceglierai di utilizzare per intavolare un dialogo, la persona aggressiva starà quasi sempre sulla difensiva. Pertanto, non essere troppo severo con te stesso rispetto a come tenti di agire: farti sentire in colpa è tra i suoi principali scopi.

Ciò che ti consiglio di tenere presente, quando i discorsi tra te e qualcun altro iniziano a diventare animati, è questo breve memorandum:

- Parla in termini positivi: usa poche negazioni ed evita che le tue frasi suonino come delle accuse. Tipicamente questo avviene con le frasi che iniziano con «Tu», come ad esempio «Tu hai fatto questo» o «Tu non fai mai quello».
- Sii sempre consapevole del tono di voce che stai usando.
- Racconta la tua verità, non presumere di conoscere la verità assoluta.
- Sii disposto ad ascoltare.
- Interrompi l'altro il meno possibile e, se devi farlo, assicurati di farlo con tatto.

Se dimostri di avere il controllo della situazione, di non replicare usando la stessa moneta, anche la persona più aggressiva a un certo punto si sentirà a disagio nel notare una violenza unidirezionale e cesserà il fuoco. Di fronte a un atteggiamento aperto, sano e conciliante da parte tua, l'aggressivo dovrà scegliere se rimanere nella sua solitudine comunicativo-emozionale oppure aprirsi al dialogo e, dal momento che tutti abbiamo bisogno di sentire empatia e comprensione, probabilmente cederà alla seconda opzione.

Tieni sempre presente che, qualsiasi sia la strada su cui desideri portare il dialogo con l'aggressivo, c'è il rischio che egli risponda con frasi del tipo: «Io sono fatto così, ho le mie idee e non permetto a nessuno di dirmi cosa fare». Se il tuo obiettivo è quello di far cambiare radicalmente idea su qualcosa a un aggressivo, non ti sorprendere se fallirai miseramente.

Inoltre, ricorda che l'aggressivo sa di non essere benvoluto a causa del suo carattere, ma questo lo spinge ancor di più a dimostrare la sua frustrazione mediante la violenza verbale e fisica.

Sotto sotto, ciò che l'iracondo spera di trovare, mentre richiama la tua attenzione con l'uso della violenza, è una risposta altrettanto violenta e rabbiosa, che in fondo sarebbe anche una giustificazione per il suo comportamento, in quanto gli consentirebbe di dirti: «Vedi, non sei migliore di me». Egli conosce infinite strategie per farti perdere la pazienza e le metterà in pratica una dopo l'altra.

Pertanto, **evitare il conflitto deve essere il tuo proposito principale**. Inoltre, è fondamentale mettere l'aggressivo di fronte alla sua stessa rabbia, cosicché possa notare i suoi limiti, i suoi comportamenti nocivi, i conflitti che questi generano, e poi, se lo desidera, tentare di risolverli.

Come detto, qualsiasi parola va pesata quando si parla con un aggressivo: ragionevolezza e riflessività sono qualità imprescindibili per vincere la partita a scacchi con lui prima che egli decida di lanciare per aria l'intera scacchiera.

Sai cosa fa una brava maestra con il bambino più terribile della classe? Gli assegna compiti di responsabilità (almeno apparente), come ad esempio il monitoraggio degli altri alunni in sua assenza. In questo modo, la maestra cerca di far percepire al bambino che lei è una sua alleata, non uno dei tanti nemici su cui dirigere la sua frustrazione. Allo stesso modo noi dobbiamo convincere l'aggressivo che siamo suoi alleati e che non lo giudichiamo per il suo carattere burrascoso.

Nella maggior parte dei casi non siamo noi a scegliere di avere a che fare con un individuo aggressivo, ma ci ritroviamo a condividere con lui uno spazio vitale, sia esso lavorativo, familiare o di altro genere. Pertanto, anche se magari non abbiamo scelto volutamente di essere amici di un aggressivo, è importante dare a lui la percezione che lo siamo, in primo luogo attraverso il linguaggio che scegliamo di utilizzare nei suoi confronti.

Ecco alcuni esempi di parole ed espressioni che non possono mancare quando interagiamo con una persona di indole aggressiva:

- Mi fido di te.
- Grazie!
- So che puoi farcela!
- Per favore.
- Sei sempre sul pezzo!
- Ciao, a presto!
- Il tuo parere è importante.

Espressioni brevi e concise che però rinforzino sempre la stima che vogliamo trasmettere all'altro, creando un clima di inimmaginabile fiducia in lui, un ambiente dove egli si senta a disagio a esprimere la sua violenza verbale.

Un'altra tecnica utile per evitare di andare allo scontro totale con chi ci aggredisce verbalmente consiste nel far percepire all'altro che condividiamo, almeno in parte, ciò che ci sta dicendo, pur non essendo in totale accordo col suo punto di vista. A volte, anche semplicemente rimandare indietro le informazioni che abbiamo ricevuto, riassumendole con tono gentile, può far sentire compreso l'altro e abbassare il suo livello di agitazione. Puoi iniziare le tue frasi con:

- Se ho capito bene, vorresti che…
- Quindi mi stai dicendo che…
- Dunque ti senti…

Così facendo, l'aggressivo saprà che hai ricevuto il suo messaggio e che non c'è bisogno di rimarcarlo agitandosi ulteriormente. Inoltre, ti vedrà come un alleato che vuole comprendere le sue esigenze e assecondarle laddove possibile.

So che queste tecniche sembrano accondiscendere ai capricci della persona iraconda, ma in realtà sono solo piccoli gesti di interesse che contribuiscono a ridurre la sua rabbia. L'alterativa, fatta di parole di scontro e toni accesi, non farà altro che alimentare la sua voglia di prevalere nella discussione ed esercitare dominio su di te. Viceversa, un atteggiamento gentile e comprensivo lo ammansirà, poiché gli farà credere di star già dominando la discussione e lo renderà più aperto a venirti incontro.

Ricorda: **iniziare a discutere con aggressività determinerà una risposta violenta ancor più aggressiva**. Se invece scegli di mantenere pacato il tono di voce ed elevato il livello di educazione della conversazione, l'aggressivo avvertirà un disagio nell'esprimersi in maniera rabbiosa e violenta. Devi essere tu a decidere su quale campo di battaglia si gioca questa sfida, perché se gli concedi di trascinarti nella violenza, hai già perso in partenza.

Bada bene, confrontarsi in modo pacifico non vuol dire sottomettersi. Non lasciare che le parole o le provocazioni ti offendano. Se ti offendi, ti allontani dal tuo obiettivo. Non lasciare che le emozioni prevalgano, poiché il fine dell'aggressivo è proprio quello di farti perdere il controllo, annebbiarti la mente e l'emotività: rubarti la tranquillità è ciò che desidera.

Se stai male per qualcosa che ti ha detto, se ti accorgi di aver perso il controllo, se inizi a serbare rancore, pensando e ripensando alle varie fasi della lite che hai avuto con lui, hai già ceduto alla sua manipolazione.

A volte ti capiterà di temere la persona aggressiva proprio come se fosse una bestia selvaggia, una tigre del Bengala, e questo non solo per la sua personalità, ma perché magari ha un ruolo di rilievo, un titolo in più di te, una categoria sociale differente, oppure anche solo per le persone di cui si circonda. Ma tu sei il domatore, e sebbene ti manchi l'aggressività della tigre possiedi l'intelletto per gestirla.

Per far questo, in primo luogo mostrati indifferente alle provocazioni e alle offese. Ciò ti consentirà di porre un muro tra te e l'altro, che non potrà contagiarti con la paura e la rabbia che vorrebbe instillare in te.

Oltre a questo, fai il pieno di volontà e autocontrollo, in modo che le tue azioni non siano mai guidate dagli istinti più bassi.

Se proprio senti di non riuscire a reagire nel modo corretto, allora prenditi il tuo tempo per riflettere. Non decidere mai sotto pressione o nel momento in cui avverti che le tue emozioni negative stanno montando. È un sentimento passeggero che non giova alla tua lucidità.

Infine, qualora dovesse capitare, sii pronto ad ammettere i tuoi errori. Può capitare ad esempio di recepire un comportamento come minaccioso quando invece non era questa l'intenzione dell'altro. Non dare per scontato di avere sempre ragione o di essere sempre quello che si comporta bene: a volte anche l'aggressivo può avanzare richieste legittime. In questo caso, oltre ad ammettere di aver frainteso, spiega brevemente ciò che hai mal interpretato e racconta come ti comporterai differentemente in futuro affinché si evitino altre situazioni spiacevoli.

Maggiore è la lucidità con cui riflettiamo e agiamo, maggiori sono i benefici che otterremo nella comunicazione.

Il Lamentoso

La lamentela è come una sedia a dondolo: ti dà qualcosa da fare, ma in realtà non ti porta da nessuna parte. Eppure, il piagnisteo sembra essere l'attività prediletta di molti esseri umani. Fin dall'inizio dei tempi.

DAI TEMPI DEI TEMPI

Al British Museum è conservato un antico reperto, un papiro egizio contenente un testo utilizzato per la formazione degli scribi durante il periodo ramesside (ovvero quello dei vari faraoni chiamati Ramses, tra il 1292 a.C. e il 1070 a.C. circa). All'interno di questo documento, noto come *Papiro Anastasi I*, poiché originariamente acquistato da tal Giovanni Anastasi, leggiamo di uno scriba, Hori, che si rivolge satiricamente a un suo collega, Amenemope. E cosa scrive? Principalmente lamentele.

Ora, non sappiamo se l'Amenemope menzionato da Hori sia un personaggio storico realmente esistito o una figura puramente letteraria nata per scopi educativi e atta a rap-

presentare la categoria degli scribi; fatto sta che Hori, nel suo papiro, non fa altro che ridicolizzare le conoscenze e le competenze del collega e dell'intera classe di pari grado.
Ma, più in generale, Hori ne ha per tutti: si lamenta della scarsa qualità degli artigiani, del fatto che i mattoni siano malfatti e le costruzioni instabili, si lamenta di come sia complicato trasportare le merci lungo il Nilo a causa dei vari ostacoli lungo il percorso, si lamenta delle sfide della vita quotidiana, della complessità di calcolare le razioni per i soldati o di determinare quanti mattoni servano per costruire una rampa, si lamenta delle difficoltà che incontrerebbe un viaggiatore nel fiancheggiare la costa mediterranea sino ad arrivare al Libano (e nel farlo ridicolizza le conoscenze geografiche di Amenemope, emblema della sua categoria).
Insomma, uno scriba – non certo l'ultima ruota del carro, parliamo di persone istruite che potevano ambire a posizioni elevate e a una vita tutto sommato agiata nella società egizia – che si lamenta degli scribi e della società stessa.
Tutto questo fa quasi sorridere perché, almeno stando alla narrazione biblica, più o meno nello stesso periodo gli ebrei furono schiavi in Egitto. E cosa facevano questi schiavi in Egitto oltre che arare i campi e spostare mattoni sotto al sole? Si lamentavano.
Ecco un paio di esempi:

Esodo 1:13-14: «Per questo gli Egiziani fecero lavorare i figli d'Israele trattandoli con durezza. Resero loro amara la vita mediante una dura schiavitù, costringendoli a preparare l'argilla e a fabbricare mattoni, e ad ogni sorta di lavoro nei campi; a tutti questi lavori li obbligarono con durezza».

Esodo 2:23: «Dopo molto tempo il re d'Egitto morì. Gli Israeliti gemettero per la loro schiavitù, alzarono grida di lamento e il loro grido dalla schiavitù salì a Dio».

Chiaro che si lamentassero, penserai, erano schiavi. In realtà, sempre basandoci sul racconto biblico, il Dio degli ebrei alla fine decide di liberarli, servendosi di Mosè. Sennonché, all'esodo dall'Egitto, segue un caotico girovagare per il deserto alla ricerca della terra promessa. Gli ebrei sono impazienti, frustrati, delusi... e cosa fanno? Si lamentano, addirittura rimpiangendo la schiavitù dei bei tempi andati. In Esodo 16:2-3, gli Israeliti se la prendono con Mosè e Aronne, dolendosi della mancanza di cibo: «Nel deserto tutta la comunità degli Israeliti mormorò contro Mosè e contro Aronne. Gli Israeliti dissero loro: "Fossimo morti per mano del Signore nella terra d'Egitto, quando eravamo seduti presso la pentola della carne, mangiando pane a sazietà! Invece ci avete fatto uscire in questo deserto per far morire di fame tutta questa moltitudine"».
Addirittura, in Numeri 14:4, è riportato: «Si dissero l'un l'altro: "Su, diamoci un capo e torniamo in Egitto"».
Adoro questa storia perché ci insegna tre lezioni preziosissime:

- La lamentela è sempre esistita e sempre esisterà.
- Non conta essere uno schiavo o uno scriba, un servitore o un re, un povero o un ricco, la lamentela è connaturata in tutti gli esseri umani.
- Non conta quanto si sia stati male in passato, a un certo punto si arriva alla conclusione che "era meglio prima".

Piangere sul latte versato

Un lamentoso lo riconosci subito: quando c'è il sole si lagna del caldo, quando giunge l'inverno borbotta per il freddo, quando lavora si affatica troppo, quando non lavora si rammarica di essere disoccupato, quando è in coppia invidia i single, quando è solo vorrebbe una relazione, quando ha poco denaro piange miseria, quando ne guadagna molto se la prende con le tasse, quando fa qualcosa si lamenta di non ricevere aiuto e supporto, ma se gli altri danno una mano non lo fanno bene come farebbe lui, quando è stanco o ammalato sospira e brontola, quando è sano ci tiene a ricordare quanto sia stato male in passato o a preoccuparsi di quanto potrebbe star male in futuro.

Il traffico angoscia il lamentoso, gli amici lo trascurano o sono sleali, la forma fisica è difficile da mantenere, gli allenamenti sono troppo tosti, i treni, i bus e gli aerei sono perennemente in ritardo, i colleghi sono idioti, i capi autoritari, il crimine dilaga, gli imprevisti sono sempre dietro l'angolo, le strade sono dissestate, l'università è sfiancante, le persone sono superficiali, gli stipendi sono bassi mentre il costo della vita sale, i figli sono discoli, il partner poco empatico, il tempo libero scarseggia, gli acciacchi dell'età incombono, l'economia è in crisi, il governo è ladro, la tecnologia non funziona mai, le bollette sono alte, la società è allo sbando, non ci sono più i valori di una volta.

Il lamentoso si lamenta e si lamenterà, non conta come ti poni rispetto a lui, troverà sempre un motivo per dirsi insoddisfatto. Nel dubbio, si lamenta, senza verificare i fatti o la gravità delle potenziali conseguenze. Piangersi addosso, prima di tutto.

La lamentela è una lagnanza generica, un reclamo che il

più delle volte non porta a nulla e non serve a nulla, se non a palesare agli altri la propria sofferenza.

Magari il lamentoso ha anche ragione, magari ha davvero subìto un torto o un'ingiustizia, o è stato maltrattato, quello che però non riesce a comprendere è che esprimere costantemente il suo disappunto non lo aiuta in nessun modo ad avvicinarsi a una soluzione o a ridurre il suo patimento. Anzi, al contrario: ogni volta che ci lamentiamo ci allontaniamo un po' dallo star bene.

Insomma, se gli obiettivi che ti poni nella vita ti sembrano tutti irraggiungibili, se pensi che il mondo intero ce l'abbia con te, se hai conflitti con molte persone, se ti lagni spesso, se sbuffi, ti scoraggi, piagnucoli, ti commiseri, sospiri parecchio, ho una brutta notizia per te: sei lamentoso.

Eppure, un lamentoso potrebbe dire «Che male c'è? Se mi voglio lamentare lo posso fare senza arrecare danno a nessuno».

Ma la realtà è ben diversa. Il lamentoso fa del male anzitutto a sé stesso, alimentando insoddisfazione, scontentezza, frustrazione, autocommiserazione e logorandosi l'autostima. Oltretutto, generalmente, il lamentoso dà il peggio di sé in presenza d'altri, mentre difficilmente sbuffa e si lagna quando è da solo.

La lamentela è un atteggiamento sociale: attraverso la continua richiesta di attenzioni che mette in atto, il lamentoso pensa che attrarrà l'attenzione di qualcuno che, mosso a compassione, risolverà il suo problema, o spenderà anche solo un po' di tempo ad ascoltarlo, alleggerendogli il fardello.

Nessuno, però, ha voglia di passare la vita ad alleggerire il fardello di un essere umano che non fa altro che lamentarsi. Nessuno desidera un rapporto unidirezionale in cui risolvere i problemi dell'altro per ridurne le lagnanze sia l'unica attività contemplata. I lamentosi sono portatori di aridità, prosciugano le tue energie mentali e la tua attitudine positiva, risucchiandoti nella loro sterilità.

Inoltre, **la lamentela è un circolo vizioso che si autoalimenta**: più passo il tempo a lamentarmi, meno cose faccio realmente. Man mano che l'età avanza, inizierò a lamentarmi non solo di tutto quel che di negativo ho subìto, ma anche di tutto ciò che *non* ho fatto nel corso della vita. Alcune persone anziane, te ne sarai accorto, sono decisamente lamentose. Questo accade in particolare nei casi in cui agli acciacchi dovuti all'età si sommano i rimpianti per una vita che poteva essere più piena, più gioiosa, più ricca, più viva.

Viceversa, gli anziani che hanno vissuto un'esistenza piena spesso sono un vero e proprio manifesto alla vita, una fonte di ispirazione, saggezza e serenità. Quindi tieni presente questo: la ruminazione alimenta ruminazione, il rimpianto alimenta rimpianto, l'insoddisfazione alimenta insoddisfazione. Più ti piangi addosso, più considererai la tua vita miserabile.

Caccia al lagnoso

Sebbene identificare una persona lamentosa sia spesso abbastanza semplice, può capitare di trovare individui con atteggiamenti di sottile e contagioso rammarico, individui che si lagnano "sottotraccia", instillando subdolamente il seme della compassione nelle persone attorno a loro. Vediamo allora una serie di caratteristiche comuni ai lamentosi:

- RIPETITIVITÀ. La lamentela è spesso reiterata e stucchevole, riguarda argomenti che ciclicamente si alternano e non lascia grandi spazi a momenti di slanciato entusiasmo.

- CARENZA DI INIZIATIVA. Chi vive nella lamentela spesso non fa nulla per cambiare la situazione che causa le sue pene, preferisce parlare e parlare piuttosto che provare a cambiare le cose.
- FOCUS SUL PASSATO. Il lamentoso perde tantissimo tempo a parlare di eventi accaduti in tempi ormai remoti, elenca i rimpianti o i bei tempi andati. Non riesce a vivere il qui e ora.
- CONFRONTO NEGATIVO. Queste persone tendono a confrontare la propria situazione con quella degli altri in modo negativo, sentendosi sempre penalizzate. Credono che l'erba del vicino sia sempre più verde e che le vite degli altri siano migliori, o in ogni caso meno afflitte da sventure.
- MANCANZA DI AMBIZIONI. Il lamentoso non ha scopi o mete particolari, preferisce focalizzarsi su ciò che gli manca piuttosto che su quello che potrebbe avere se solo la smettesse di piangersi addosso e si rimboccasse le maniche.
- RIFIUTO DELLE VIE D'USCITA. I lamentosi più incalliti sono quelli che, anche quando vengono loro proposte possibili soluzioni ai problemi, trovano sempre una scusa, un motivo per cui quelle strategie non sarebbero comunque risolutive.
- SCARSA FIDUCIA. Il lagnoso è anche un dubbioso, vede possibili inganni persino dove non ci sono. La sua visione è limitata dai confini che si autoimpone in virtù delle sue esperienze negative passate.
- RESISTENZA AL CAMBIAMENTO. Il lamentoso è resistente al cambiamento, non si mette in discussione e pre-

ferisce rimanere nella sua zona di comfort, anche se ciò significa continuare a lamentarsi e basta.

- DIPENDENZA. La persona che tende al lamento ha bisogno di qualcuno su cui sfogare le frustrazioni. Per questo cerca disperatamente di trovare chi lo/la sopporti, e una volta trovata questa figura crea una forma di attaccamento morbosa. Ha bisogno di un eroe che risolva ogni suo problema.
- MANCANZA DI RESPONSABILITÀ. Il lamentoso non si assume alcuna responsabilità per i propri problemi e tende a incolpare gli altri o il destino.
- AUTOCOMMISERAZIONE. Usa spesso espressioni come «Perché a me?» o «Non ce la faccio più». Prova piacere nell'essere compatito.
- RICERCA DI ATTENZIONI E ACCUDIMENTO. Chi si lamenta cerca costantemente attenzione e conforto dagli altri. Anche se gli altri non possono risolvere concretamente i suoi problemi, ha bisogno che confermino i suoi sentimenti negativi e le sue lamentele.
- NEGATIVITÀ CONTAGIOSA. La costante aura di negatività dell'individuo lamentoso può influenzare in peggio l'umore chi gli gravita attorno. Tendenzialmente, egli crea un ambiente stressante (in famiglia, al lavoro...) grazie alle sue continue lamentele.

Lontano dall'autocommiserazione

Alle persone lamentose, strano ma vero, ci si abitua. Immagina di andare a vivere in una casa che si trova accanto a una scuola, ma di aver sottovalutato una variabile: la campanella. Ogni volta che la campanella suona per segnare l'inizio o la fine delle lezioni, quel rumore ti infastidisce, attira la tua attenzione, ti disturba e ti rende difficile concentrarti.

Per i primi giorni la tua reazione è scontata: non fai che irritarti e pensare a quanto sarebbe bello non sentirlo più. Stranamente, però, col passare del tempo inizi ad abituarti. La campanella suona ancora, ma tu non ci fai quasi più caso. Diventa un rumore di sottofondo, parte della tua routine quotidiana. Alla millesima volta che senti quel rumore, quasi non lo percepisci più, non reagisci. Sei diventato immune al suo fastidio.

Allo stesso modo, una persona lagnosa, con le sue continue lamentele e il suo pessimismo, all'inizio può risultare disturbante. Ogni volta che si lamenta, ti irrita e ti fa sentire esausto. Tuttavia, dopo un po', può darsi che tu cominci ad abituarti. Le sue parole iniziano a suonare proprio come la campanella della scuola: un rumore di sottofondo che non ti infastidisce più come prima. Semplicemente impari a ignorarle e a non lasciarti influenzare.

Tuttavia, ci sono casi in cui la lamentela proprio non si può ignorare, tanto è forte, ravvicinato e costante il suono di quella campanella.

A questo punto si deve reagire. Come?

- NON ASSECONDARE LA PERSONA LAMENTOSA. È sbagliato commiserarla, dirsi d'accordo, rispondere alla lamentela con la lamentela: se gli diamo in pasto questi elementi, otterremo solamente che il lamentoso continui a piangersi addosso.
  Inoltre, anche tentare di convincere un lamentoso di qualcosa è inutile. Egli non è razionale e continuerà a

non voler sentire ragioni, almeno finché non cambierà le sue convinzioni.

- NON CERCARE SOLUZIONI AI SUOI PROBLEMI. Se proprio sei impietosito e vuoi dare una mano a un individuo lamentoso, insegnagli ad andare lui stesso alla ricerca di soluzioni.
  Conosci quel vecchio detto, no? Se a un affamato dai un pesce, avrai risolto il suo problema per qualche ora, dopodiché riprenderà a lamentarsi. Ma se gli insegni a pescare avrai risolto il suo problema per sempre.
- CREA DEI SANI CONFINI. Con un lamentoso creare confini significa dirgli esplicitamente che non ti interessa ciò che ha da dire, che non sei in grado di essergli di aiuto e che, soprattutto, il suo atteggiamento finisce per far stare male anche te.
  So che questo tipo di risposta può risultare dura, e sicuramente è da attuare solo nel caso in cui l'altro si sia dimostrato più volte incapace e non desideroso di uscire dal circolo vizioso della lamentela continua. Tieni presente, però, che porre dei confini è un atteggiamento più che legittimo, e spesso è l'unica chiave di lettura che ci consente di non diventare a nostra volta persone lamentose per contagio.
  Perciò sii chiaro con chi rischia di contaminarti: spiega che ci sono vari modi per ottenere ciò che si vuole e che la lamentela è certamente il meno fruttuoso tra i tanti. Quando un lamentoso riceve questo messaggio, comprende che i suoi "attacchi" finiranno a vuoto e che sarebbe inutile continuare a insistere con lo stesso querulo ritornello.
- RESTARE FERMI E ASSERTIVI. Se hai a che fare con qualcuno che continua a lamentarsi incessantemente, cerca

di non reagire con emotività e soprattutto non alimentare la sua negatività. Mantieni una postura e un tono fermi e spiega serenamente che non ti senti d'aiuto, che vorresti che prendesse in considerazione un atteggiamento diverso, più costruttivo, e che sei pronto a supportarlo nella ricerca di aspetti positivi della vicenda. Se non vieni ascoltato, allora semplicemente taci. A nessuno piace lamentarsi di fronte a un muro di gomma: la lamentela funziona se gli altri ti rimandano un feedback compassionevole.

L'effetto del lamento

Le persone lamentose spesso usano una serie di frasi ricorrenti con le quali si autocommiserano e cercano di impietosire gli altri. Leggendo questo elenco, ti sfido a spuntare le espressioni che senti appartenerti nel quotidiano, e a evitare di usarle, anche solo per una settimana, per cominciare. Cercare di eliminarle dal linguaggio che utilizziamo può già avere effetti molto potenti sulla nostra giornata, ma averle davanti agli occhi può anche essere utile per rendersi conto di chi, attorno a noi, ne abusa.

Ecco:

- La mia vita è un disastro.
- Non me ne va bene una!
- Nessuno mi aiuta.
- È sempre la stessa storia.
- Perché capitano tutte a me?
- Nessuno capisce quanto sia difficile per me.
- Sono stanco/a di tutto.
- Mai una gioia.
- Non c'è mai un momento di pace.
- Non so proprio come farò.
- Nessuno fa mai niente per me.
- Ogni volta è peggio.
- Non mi va mai bene nulla.
- Tutto è contro di me.
- Perché devo sempre fare tutto io?
- Non ce la faccio più.
- È tutto inutile.
- Non c'è mai una buona notizia.
- Non ne posso più di questa situazione.
- È tutto uno schifo.
- Al peggio non c'è mai fine.
- Ce l'hanno tutti con me.
- Sono proprio sfortunato/a.
- Io non merito la felicità.

LA PROFEZIA DEL VIOLINISTA

Il fenomeno delle profezie autoavveranti può manifestarsi anche in ambito psicologico quando un individuo, convinto di fallire in un compito, si comporta in modo tale da aumentare le probabilità di fallimento.
Facciamo un esempio: Mario è un giovane violinista. Inizia a suonare in camera sua sin da ragazzino, coltivando questa passione innata grazie a un violino lasciatogli in eredità dal nonno. I genitori di Mario, però, non lo supportano affatto, e anzi gli intimano di non strimpellare per non dare fastidio al vicinato.
Così, insicuro ma appassionato, Mario porta avanti il suo amore per lo strumento. Dopo varie suppliche, riesce a convincere i genitori a iscriverlo a un ciclo di lezioni private che frequenta assiduamente; eppure, sebbene il suo livello sia ottimo per un autodidatta, persino il suo maestro non gli regala particolari feedback positivi.
Mario ha ormai introiettato i giudizi negativi, l'indifferenza e lo scetticismo, è un violinista che non si ritiene capace di suonare senza annoiare o infastidire gli uditori.
Capita poi l'occasione della vita: a Mario viene chiesto di suonare a teatro, aprendo un prestigioso concerto di musica classica. Accetta, ma se ne pente dopo un nanosecondo. Iniziano a balzargli in testa strani pensieri, riflette sulla brutta figura che probabilmente farà, su quanto saranno annoiati gli astanti, su tutte le cose che potrebbero andar storte. Nelle settimane successive, il modo in cui comunica con amici e conoscenti riflette il suo dialogo interiore: «Non ne sono capace», «Farò una figuraccia», «Avrei dovuto rinunciare». Lamentele e piagnistei.
Arriva il giorno del concerto: Mario è letteralmente certo

che sarà un disastro. Sale sul palco tutto tremante, scrutando le facce del pubblico alla ricerca di consensi o, più probabilmente, di dissensi, che confermino la percezione di inettitudine che ha verso di sé. Inizia a suonare e lo fa anche bene, il pubblico è assorto, ascolta e contempla. Solo un signore, in prima fila, magari provato da una lunga giornata di lavoro, a un certo punto si lascia andare a uno sbadiglio. Mario lo nota. Ignora gli altri visi, i sorrisi, gli sguardi ammaliati dalla musica. Nota solo l'unica persona distratta, forse annoiata. *Ecco*, pensa, *sono noioso, non sono capace*. Le sue mani iniziano a sudare, il violino è instabile, sbaglia una nota e poi un'altra, fino a rovinare l'esibizione. La profezia si è compiuta: è un disastro.

Queste espressioni riflettono un atteggiamento di frustrazione, insoddisfazione e spesso un senso di vittimismo che è tipico delle persone che tendono a lamentarsi frequentemente. Viceversa, non è mai esistita una persona felice, soddisfatta e di successo che utilizzasse questo tipo di vocabolario.

Sia chiaro, certamente in molti casi sono gli avvenimenti nefasti a condurre alle parole nefaste, ma è vero anche il contrario: parole negative conducono a eventi negativi.

Il primo a introdurre questo concetto fu il sociologo americano Robert K. Merton nel 1948, parlando di *self-fulfilling prophecies*, ossia **profezie che si autoavverano**. Una profezia che si autoavvera è una supposizione che, per il solo fatto di essere stata pronunciata, fa realizzare l'avvenimento presunto, confermando così la propria veridicità. Merton ha esplorato come le profezie che si autoavverano possano avere effetti significativi in vari ambiti sociali, come l'istruzione, l'economia e le relazioni interpersonali. Le aspettative sociali e culturali possono influenzare il comportamento degli individui e delle istituzioni, creando cicli che confermano quelle aspettative.

Per spiegare questo concetto in maniera accessibile, il sociologo ha utilizzato l'esempio di una banca economicamente solida che, a causa di voci infondate sul suo fallimento, vede i clienti ritirare i loro depositi, portando effettivamente al crollo della banca stessa.

La storia di Mario poteva avere un finale diverso? Certo. Lo dimostra ad esempio lo studio condotto nel 1968 dagli psicologi Robert Rosenthal e Lenore Jacobson. I due studiosi si recarono in una scuola elementare di San Francisco per esaminare come le aspettative degli insegnanti potessero influenzare il rendimento dei bambini.

La loro idea era semplice: somministrare un test di intelligenza a tutti gli studenti all'inizio dell'anno scolastico e poi comunicare agli insegnanti i nominativi di alcuni bambini che, sulla base dei test effettuati, avevano un potenziale di crescita eccezionale ed erano destinati a migliorare significativamente durante l'anno scolastico. Nella realtà, però, i nomi degli studenti con "alto potenziale" furono scelti casualmente, senza tener conto dei risultati del test preliminare.

Con queste informazioni, gli insegnanti iniziarono a trattare i presunti pupilli ad alto potenziale in modo diverso. Anche se non erano consapevoli di farlo, dedicavano più tempo e attenzione a questi studenti, fornivano loro più feedback positivi e incoraggianti, e li coinvolgevano maggiormente nelle attività di classe. Questo trattamento speciale creava un ambiente in cui quegli studenti si sentivano supportati e motivati a migliorare.

Al termine dell'anno scolastico, Rosenthal e Jacobson osservarono i risultati: gli studenti indicati come ad alto potenziale avevano effettivamente mostrato un miglioramento significativo nelle loro performance scolastiche rispetto ai compagni. Questo miglioramento non era dovuto a una reale differenza nelle capacità iniziali, ma piuttosto all'influenza delle aspettative positive degli insegnanti, che i bambini avevano introiettato e trasformato in autostima e dedizione verso lo studio.

L'esperimento dimostrò chiaramente l'impatto potenziante che possono avere le parole positive su tutti noi. Oggi chiamiamo questo fenomeno "effetto Pigmalione", con riferimento al mito narrato da Ovidio nelle sue *Metamorfosi*.

Ma chi era Pigmalione? Uno scultore che si innamorò di una statua da lui stesso scolpita e plasmata alla perfezione, raffigurante la sua donna ideale. Desiderando che la statua prendesse vita, Pigmalione rivolse una preghiera alla dea Afrodite, che esaudì il suo desiderio e trasformò la statua in una donna in carne e ossa.

Il mito è stato poi adottato in psicologia per descrivere **come le aspettative di una persona possano influenzare le prestazioni di un'altra**: proprio come Pigmalione plasmò la statua secondo il suo ideale, le aspettative degli insegnanti possono avere effetti diretti sul comportamento degli studenti e le loro performance, creando un esito che confermerà le aspettative iniziali.

Non solo: studi successivi hanno evidenziato come l'effetto Pigmalione funzioni anche al contrario, ovvero come le influenze negative di insegnanti e caregiver possano condizionare in peggio il rendimento degli studenti. In questo caso l'effetto Pigmalione negativo prende comunemente il nome di "effetto Golem", dalla creatura della mitologia ebraica che, plasmata dall'argilla, finiva per diventare incontrollabile e pericolosa.

Ma torniamo al nostro violinista, Mario: immaginare per lui un finale diverso è possibile.

Cosa sarebbe successo se i suoi genitori lo avessero incoraggiato a esercitarsi, anziché lamentarsi? Cosa sarebbe successo se lui non avesse introiettato l'autocommiserazione e il senso di inadeguatezza? Con tutta probabilità, stando agli studi sopracitati, la profezia si sarebbe avverata in positivo e Mario si sarebbe convinto di poter diventare un grande violinista.

Alla fine, citando il noto imprenditore statunitense Henry Ford, che tu sia convinto di farcela o di non farcela, avrai comunque ragione.

L'Invidioso

Ti detesto o ti ammiro?

Per quanto possa sembrare assurdo, **invidia e ammirazione sono due piante che germogliano a partire da uno stesso seme**. Il presupposto di base, infatti, è identico: tu hai (o hai fatto) qualcosa che io non ho (o non ho fatto). I pensieri e le azioni che costruisco a partire da questa premessa determinano quale delle due piante farò crescere.

L'invidia, sentimento oscuro e sabotante, si insinua nei recessi della mente quando si percepisce il successo, la prosperità o la felicità altrui come una minaccia personale. È un sentimento intrinsecamente negativo, radicato nella percezione della propria mancanza o inferiorità rispetto agli altri. L'invidioso non può fare a meno di leggere in ogni successo altrui una sconfitta personale, ecco perché, per quanto possa sembrare qualcosa di socialmente connotato, l'invidia è invece un sentimento profondamente intimo, che ha a che fare col rapporto con il nostro io più di quanto crediamo.

L'ammirazione, invece, è un sentimento positivo e propulsivo, che eleva, illuminando il cuore di chi la prova e fungendo da benzina per il cambiamento personale. Essa nasce dalla capacità di riconoscere e apprezzare le qualità, le abilità o i trionfi altrui senza astio. L'ammirazione è un sentimento onesto, che riconosce il valore degli altri più che denigrarlo. Trasformandosi poi in ambizione, diventa il veicolo che ci conduce verso nuovi orizzonti di crescita personale.

Ammirare qualcuno non significa che non si possa avvertire un senso di rivalità o competizione. Anche in questo caso posso ambire a duellare con una persona che ammiro e che stimo, ma la differenza è data dal modo in cui scelgo di combattere. Non desidero, come nel caso dell'invidia, degradare l'altro al fine di portarlo al mio stesso livello, ma sono io stesso a riconoscere la mia (relativa) inferiorità, e a volermi perciò innalzare.

Invidia e ammirazione danzano assieme, volteggiando a una rapidità tale da renderci talvolta difficile il discernimento, ma è fondamentale partire dalla loro distinzione per comprendere quando siamo di fronte a un sentimento sano e quando invece prevale il risentimento. Ogni volta che hai davanti a te qualcosa che brilla ti trovi a un bivio: puoi scegliere se tentare di spegnere quella luce, o impegnarti per cercare di brillare allo stesso modo.

Chiaramente, l'impegno è la variabile determinante che sposta l'ago della bilancia da una parte all'altra, poiché per denigrare gli altri basta una parola, mentre per raggiungere il loro livello occorrono sacrificio e costanza. La svalutazione è un processo immediato nell'esecuzione e spesso anche nei risultati che offre, l'impegno invece non offre scorciatoie. Per questa ragione, al mondo troverai molte persone invidiose e pochi sinceri estimatori. Siamo pigri, anche mentalmente. La pigrizia alimenta i nostri pensieri più torbidi, più della cattiveria, più della rabbia, più della frustrazione.

D'altronde la parola stessa deriva dal latino *invidere*, composto da *in*, negativo, e *videre*, "guardare": invidiare, quindi, significa letteralmente "guardare male".

Anche il concetto di "malocchio", ovvero la credenza degli antichi che, con il solo sguardo, si potessero produrre effetti negativi sulla persona osservata, ha la stessa etimologia. Difatti esso è anche chiamato "occhio invidioso", poiché la persona che lancia il maleficio è tendenzialmente gelosa di qualcosa che l'altro possiede.

Cosa accadrebbe se invece facessimo lo sforzo di "guardare bene", di mettere a fuoco quella luce che brilla e le emozioni che suscita in noi? Probabilmente proveremmo ammirazione.

Anche qui l'etimologia del termine ci viene in aiuto, poiché ammirazione deriva dal latino *admiratio*, e rimanda alla parola *mirus*, cioè "meraviglioso", "mirabile": guardare verso qualcosa di desiderabile, di ammirabile, appunto.

Guardare male è semplice; le cose buone, invece, richiedono sempre uno sforzo, anche soltanto uno sforzo di volontà: lo sforzo di chi cerca di aguzzare la vista per scorgere tra la nebbia la cima del monte che vuole raggiungere.

L'invidia corrode

A questo punto avrai iniziato a domandarti se e quanto l'invidia sia un sentimento che ti riguarda in prima persona. Nulla di più semplice, prova a rispondere a queste domande:

- Cosa provi quando qualcuno ti annuncia di aver conseguito un successo lavorativo?
- Cosa provi quando vedi sui social network una persona più bella di te, con più seguito o più like?
- Cosa provi quando scopri che tuo fratello, tua sorella o i tuoi amici guadagnano molto più di te?
- Cosa provi quando vedi il tuo vicino parcheggiare nel vialetto di casa l'auto nuova fiammante che tu sognavi da tempo?

Queste ipotesi ti infastidiscono? Parleresti bene o male di queste persone, del modo in cui si sono guadagnate i loro successi?

Se sei una persona invidiosa, probabilmente anche solo le immagini mentali di tutta questa gente più vincente di te ti hanno fatto *rosicare*. Non uso questa parola a caso: la scelgo perché ci conduce all'interno di un ambito fondamentale, quello delle caratteristiche psicosomatiche dell'invidia. Già, perché l'invidia non è una questione solamente mentale.

L'invidia, essendo un vissuto estremamente negativo, può attivare nel corpo la risposta allo stress, che aumenta la produzione di cortisolo. Quest'ultimo, nel lungo termine, può contribuire ad alimentare patologie come l'ipertensione, problemi cardiaci e disturbi del sonno, oltre ad abbassare le difese immunitarie.

Tuttavia, se c'è un ambito che anche nel gergo quotidiano associamo all'invidia è certamente quello legato ai problemi gastrointestinali: mal di stomaco, disturbi digestivi e altri sintomi correlati allo stress emotivo. In molte espressioni idiomatiche associamo il fegato, lo stomaco o la bile a sentimenti di invidia, e lo facciamo perché lo stesso verbo "rosicare" è un derivato di "rodere", quindi consumare, corrodere. Frasi come «Ti rode di non poter venire alla festa» sottintendono appunto problemi gastrointestinali legati al sentimento dell'invidia.

In sintesi, l'invidia è un sentimento rovinoso che mira a distruggere l'altro, ma distrugge in primis noi stessi, a livello sia mentale sia fisiologico.

LA SINDROME DEL PAPAVERO ALTO

Non tutti i fiori crescono alla stessa velocità: alcuni sbocciano prima e riescono a innalzarsi rispetto agli altri. Questo, però, spesso non va a genio ai floricoltori, che vorrebbero i loro campi omogenei e uniformi. Pertanto, essi potano i fiori che crescono più dei vicini, al fine di non far sfigurare quelli più bassi.

Da questa usanza prende il nome un fenomeno noto in psicologia come "**sindrome del papavero alto**", che consiste nella difficoltà di saper apprezzare genuinamente i successi altrui senza provare fastidio. Un fastidio che nel tempo si evolve, muta, e si trasforma nel desiderio di tagliare le gambe a chi mi sta accanto, anche se questi è un mio simile, magari un amico, una persona con la quale sono nato e cresciuto.

Questo concetto esprime perfettamente l'avversione che talvolta si prova nei confronti degli individui che riescono a emergere in un determinato ambito, avversione che può facilmente generare una reazione emotiva al successo altrui, ritenuto (spesso esageratamente) un amplificatore dei propri limiti.

Il papavero che cresce più in alto degli altri, però, non ha colpe; semmai ha dei meriti. Né tantomeno ha senso che il papavero più basso veda minata la propria autostima, poiché egli non ha fatto nulla di sbagliato, è semplicemente un papavero nella media. Il paragone con il papavero che spicca, però, ha evidenziato la fragilità dell'autostima dell'invidioso. La critica, il discredito, la diffamazione, sono le cesoie con le quali egli tenta di abbattere i papaveri più alti.

Papaveri, sovrani e granchi

Secondo il sociologo tedesco Max Weber, ottenere prestigio e potere è un "gioco a somma zero" – ossia, il prestigio viene visto come una risorsa finita: se ce l'hai tu, non posso averlo io. Ciò spiegherebbe la tendenza, più marcata in alcuni contesti sociali, come quello lavorativo, a voler abbattere i papaveri più alti.

In questi contesti esiste solo una quantità limitata di prestigio, successo e autorità, che deve essere condivisa tra i membri del gruppo. Pertanto, stando alla teoria di Weber, l'invidioso si vede costretto ad abbattere chi ha ottenuto più riconoscimento di lui al fine di poter puntare al successo. In questo caso ogni persona prestigiosa o di successo è vista come una minaccia, un ostacolo da eliminare. Di conseguenza, è probabile che il gruppo sociale faccia di tutto per ridurre potere e successo dell'individuo in questione.

Se ci pensi, è un meccanismo lapalissiano in ambito politico: chi sta al governo detiene il potere, e l'obiettivo dell'opposizione, spesso, diventa denigrare chi sta dall'altra parte piuttosto che fare gli interessi del Paese.

A ogni modo, la sindrome del papavero alto può presentarsi in qualsiasi contesto. Dal fratello minore che denigra il maggiore per ottenere più attenzioni genitoriali, al vincitore del premio Nobel che viene contestato dalla comunità scientifica per pura invidia.

Invidiare non significa solamente desiderare ciò che non si ha, ma essere del tutto intolleranti verso il successo altrui. Chi invidia e tende a sabotare l'altro ritiene, evidentemente, di non poter mai arrivare a eguagliare un certo successo, collocandosi pertanto su un piano di eterna insoddisfazione. Quando avrà terminato di sabotare un nemico, infatti, non sarà certo felice e appagato: anzi, è più probabile che, guardandosi attorno, trovi presto un altro papavero più alto di lui da potare. Come disse Napoleone, l'invidia è una dichiarazione di inferiorità.

La persona invidiosa trascorre il suo tempo a osservare gli altri e a giudicarli, ma questo ovviamente la allontana dal focalizzarsi sui propri sogni e obiettivi, rendendola non protagonista della sua stessa vita e alimentando la sua gelosia. L'invidioso non è altro che uno spettatore che passa il tempo a cercare disperatamente le falle altrui, e laddove non le trova le inventa, perché la sua costante ossessione è quella di sminuire, di sabotare, di distruggere con ogni mezzo.

Certamente, questa tendenza si può modificare lavorando sulla propria autostima e sugli strumenti a propria disposizione. Se tu fossi pienamente convinto della tua capacità di allenarti ogni giorno e arrivare ad avere il fisico che desideri, invidieresti il tuo amico dal corpo scultoreo? Se avessi un metodo di studio consolidato e avessi studiato abbastanza da possedere un'ottima padronanza della materia, invidieresti la tua collega universitaria che ha appena preso un 30?

Però, se non ci sforziamo attivamente di costruire autostima e smontare i nostri atteggiamenti invidiosi, lo schema di pensiero negativo si consoliderà e l'invidia diverrà un meccanismo automatico. D'altronde ci sarà sempre qualcosa che ci manca: uno stipendio stellare, una salute di ferro, un corpo tonico, una casa meravigliosa, una moglie o un marito bello e intelligente, una macchina costosa, il senso dell'umorismo dei migliori comici, la creatività dei grandi artisti. Alla maggior parte di noi queste qualità e questi successi mancano, e sarà impossibile conseguire ogni cosa.

Se l'invidia diventa un automatismo, l'unica strategia che abbiamo per non ammettere a noi stessi che non saremo mai perfetti in ogni ambito è svalutare l'eccellenza altrui, togliere anziché aggiungere.

LA LEGGENDA DEL SUDDITO INVIDIOSO

Un'antica leggenda narra che ci fosse un sovrano con un suddito invidioso dei suoi stessi concittadini. Un giorno il sovrano disse a quest'uomo: «Scegli: qualsiasi cosa vorrai ti sarà data!».

«Qualsiasi cosa, maestà?» chiese sbigottito l'uomo, che certo non aveva mai navigato nell'oro, anzi.

«Qualsiasi cosa» ribadì il sovrano. Che poi aggiunse: «Sappi, però, che di ciò che mi chiederai darò il doppio al tuo vicino».

«Va bene» disse l'uomo che mal sopportava il vicino. «Che mi si cavi un occhio, sire.»

Questa storiella è formidabile perché rende lampante come **l'intento primario dell'invidioso sia quello di arrecare danno ad altri esseri umani, anche a costo di restare a mani vuote**.

Spesso pensiamo all'invidia come a un fenomeno che riguarda le nostre piccole diatribe quotidiane, senza renderci invece conto dell'impatto anche macroscopico che essa ha nelle grandi scelte politiche ed economiche.

La quasi totalità delle guerre condotte nella storia dell'umanità ha portato a perdite enormi in termini di vite umane. Lo scopo di una guerra cambia con grande facilità: la si inizia con l'idea di ottenere dei benefici e la si termina nella speranza di infliggere alla controparte più danni di quanti se ne subiscano.

Anche le truffe sono spesso mosse da invidia. Raramente chi truffa lo fa perché è in condizioni di estrema miseria e bisogno; il più delle volte i truffatori sono convinti che i truffati meritino di essere raggirati, si vedono come paladini, fautori di un riequilibrio sociale – potatori di papaveri alti, insomma.

Ingannare l'altro, calunniarlo, denunciarlo per qualcosa che non ha commesso sono tutte strategie volte a sottrarre benessere altrui senza trarne alcun vantaggio concreto, se non il godimento per le sventure non nostre.

Oltre alla metafora botanica sui papaveri, ce n'è un'altra secondo me molto esplicativa, stavolta zoologica. Si tratta della "*crab mentality*", ovvero la mentalità dei granchi, i quali, se costretti a rimanere in un secchio, si intralceranno a vicenda, vanificando qualsiasi tentativo di fuga di un singolo esemplare e assicurando la morte di tutto il gruppo.

Anche noi umani facciamo qualcosa di molto simile ogni volta che pensiamo: *Se non posso averlo io, allora non puoi averlo neppure tu.* Questa dinamica di invidia dispettosa si innesca non solo in contesti di gruppo ma anche, ad esempio, in contesti di coppia.

Molte coppie si obbligano a vicenda a privarsi di alcune cose per semplice invidia, quando magari la limitazione varrebbe solo per uno dei due.

Chi ha questa mentalità potrebbe dire qualcosa come: «Siccome io lavoro di sabato sera e non posso andare a ballare, è giusto che non ci vada neanche tu». Casi come questo, purtroppo, non sono rari, e rappresentano forse la forma più tossica di invidia, quella che contamina anche le relazioni con le persone che amiamo.

Sana invidia?

Quasi sicuramente, leggendo queste pagine, ti sarai detto: *Ma sì, questo capitolo non mi riguarda certamente in prima persona, tuttalpiù ogni tanto provo una sana invidia.*

Cos'è di preciso una "sana invidia"? Come si distingue dall'ammirazione? L'invidia è invidia, punto, non ha alcun potere propositivo. Puoi provare invidia sana o malata, invidia repressa o dichiarata, invidia gestibile o incontrollata, ma alla fine dei conti sempre di invidia si tratta, un sentimento che in nessun modo ti avvicina ai tuoi sogni e ai tuoi obiettivi.

L'invidia è forse il più grande sintomo di un Io fragile, di una percezione di sé miserabile, poiché parte sempre dalla consapevolezza che io non posso avere ciò che l'altra persona ha.

Questo sentimento desidera l'impossibile, l'incarnazione di una vita in un'altra: «Vorrei essere lui», «vorrei essere lei», ma siccome non posso esserlo mi conviene mettere in atto un meccanismo di svalutazione che costituisca una via di fuga da questa sensazione di pochezza. E allora ecco che lui o lei non è più così invidiabile, ma solo perché mi son detto che non merita il successo che ha, perché ha barato, perché ha solo avuto fortuna.

Quando ti accorgi di provare invidia, impegnati per cercare di compiere uno sforzo in più.

- CHIEDITI COSA CI PUÒ ESSERE DAVVERO DIETRO A UN RISULTATO POSITIVO. Che sforzi ha fatto quella persona? Quali difficoltà ha superato? Quale lavoro ha compiuto? Quante energie ha dissipato? Quanto tempo? Quanta dedizione? Quanta costanza? Quanta pianificazione?
- SII REALISTA. Davvero credi che tutte le persone di successo siano lì per caso o per qualche "inciucio"? È necessario riconoscere che la maggior parte delle persone che hanno ottenuto risultati importanti nella vita sono state semplicemente brave, perseverando fin quando non hanno ottenuto i frutti di ciò che molto tempo prima avevano seminato.

Allo stesso modo, la più grande forma di tutela dall'invidia (propria e altrui) sta nel **vivere a pieno la vita**, focalizzan-

dosi su obiettivi personali, tentando di essere giorno dopo giorno una persona migliore, una persona solida nelle convinzioni che ha circa il proprio valore.

Ciò significa anche acquisire la capacità di non farsi "possedere" dall'approvazione o disapprovazione altrui, poiché se arriviamo a nutrirci del consenso, se arriviamo a crederci bravi solo perché qualcuno riconosce che abbiamo faticato tanto e meritato quel traguardo, allora stiamo delegando a fattori esterni la misura del nostro valore.

Se facciamo questo errore, nel momento in cui arriverà la disapprovazione, nel momento in cui qualcuno punterà il dito verso di noi e ci dirà che siamo stati solo fortunati o che non meritiamo ciò che abbiamo, noi gli crederemo.

L'approvazione altrui è una moneta, e nel momento in cui te la metti in tasca hai dato il diritto a qualcuno di comprarti. Questa è una lezione che ogni genitore conosce bene. Difatti il bravo genitore è colui che è sempre capace di premiare il figlio gradualmente, al raggiungimento di ogni traguardo.

Immagina un genitore che non faccia altro che ripetere al figlio, a prescindere dai suoi errori e dalle sue buone azioni: «Tu sei il numero uno, il più intelligente, il più bello, il più bravo». Cosa ne verrà fuori? Un narcisista incapace di avere un'idea realistica di sé stesso, un megalomane dall'ego ipertrofico che non ammetterà mai un fallimento, poiché questo non è mai stato contemplato, neppure davanti all'evidenza.

Viceversa, immagina un genitore che non riconosca mai i successi del figlio, che lo denigri e lo rimproveri sempre e comunque, che non gli dia affetto, carezze, regali, neppure di fronte a una pagella brillante, limitandosi a dirgli: «Hai fatto solo il tuo dovere, il minimo indispensabile». Quel bambino diventerà un adulto fragile, schivo, sospettoso nei confronti dell'amore e di ogni forma di riconoscimento dei suoi sacrifici.

La voce dei nostri genitori è una voce che ci guida e che, crescendo, introiettiamo. Per tale motivo è assolutamente fondamentale che questa voce sia equilibrata, che ci renda capaci di riconoscere i nostri meriti e demeriti nel tempo, indipendentemente dalle invidie e dai complimenti altrui.

Se la mia autostima è fragile, quando il processo è più lento del previsto, quando i risultati tardano ad arrivare, basta una voce fuori campo che mi faccia sentire non all'altezza a farmi cedere. Ma, viceversa, se conosco i miei limiti e le mie potenzialità e se confido nelle mie scelte e nei miei mezzi, non sarà certo l'invidia altrui a farmi vacillare.

Decodificare gli invidiosi

Per concludere, ecco una serie di riflessioni da fare per comprendere se sei circondato da persone invidiose. Come sempre, ti saranno utili per capire anche in che misura l'invidia è radicata in te.

Ha le caratteristiche di un invidioso la persona che:

- Si sente trascurata non appena dedichi più tempo ad altri (o ad altro) che a lei.
- Fa fatica a complimentarsi.
- Si mostra indifferente ai tuoi successi o addirittura tende a sminuirli.
- Anche nelle occasioni speciali altrui tende a voler stare al centro dell'attenzione.
- Nel parlare assieme a te di altre persone, ha un costante atteggiamento giudicante.

- Ripete continuamente che il suo valore non viene mai riconosciuto da nessuno.
- Tende a criticare le persone famose, ricche o che hanno ruoli di potere.
- Si rallegra dei fallimenti altrui.
- Manca spesso le occasioni di festa (lauree, matrimoni, nascite…).
- Si lamenta di non ricevere mai quanto dà.

Forse avrai notato che l'invidia si muove attraverso tanti degli atteggiamenti nocivi elencati in questo libro: la menzogna, l'aggressività, il pettegolezzo, la lamentela… L'invidioso è poliedrico, capace di utilizzare ogni arma del suo arsenale per danneggiarti. Difenditi.

Il Bugiardo

Sii te stesso

Non so se ti è capitato di trasferirti in una città nuova, lontano, molto lontano da dove sei nato o da dove hai a lungo abitato, in un posto dove nessuno sa chi sei, dove magari nessuno conosce neppure la tua lingua o le tue usanze. Se non l'hai fatto, è un'esperienza che ti consiglio di sperimentare. Quando è accaduto a me per la prima volta ricordo che ho provato un grande senso di liberazione e di possibilità. Liberazione da cosa? Dai luoghi che avevo chiamato casa? Dalle persone? No, il senso di liberazione che avvertivo era relativo a me stesso; pensavo: *Ecco, qui nessuno sa chi sono, qui posso ricominciare, essere una persona totalmente nuova, abbandonare del tutto gli aspetti del vecchio me che non mi piacevano.* All'inizio temetti che questo mio piano diabolico fosse un grande bluff: fingermi Superman agli occhi delle persone che avrei conosciuto, mentre nella città dove ero nato e vissuto ero sempre stato un banale e insicuro Clark Kent qualunque. Credetti, insomma, che avrei indossato una maschera o un mantello e che avrei finto di essere qualcuno che non ero:

avrei impersonato un uomo sicuro di sé e intraprendente, fino a diventarlo davvero.

Quello che scoprii, nel tempo, è che non stavo indossando nessuna maschera e nessun mantello, ma anzi il senso di liberazione e possibilità che provavo derivava proprio dal fatto che finalmente avrei potuto abbandonare le centinaia di maschere che avevo usato durante l'infanzia e l'adolescenza per compiacere gli altri, interpretando il ruolo che loro si aspettavano da me.

Sia chiaro: tutti noi indossiamo delle sottili maschere ogni tanto, anche solo per adattarci a un determinato contesto, e non c'è niente di male. **Quando sento dire «Sii te stesso» mi viene l'orticaria, come se esistesse una e una sola versione di «te stesso».** Probabilmente c'è una versione di te che canta sotto la doccia stonando ogni nota che si possa stonare e una versione seria, composta e diligente in ufficio; c'è una versione goliardica, magari anche volgare, riservata agli amici, e una romantica e tenera che vede la tua dolce metà. Questo fa di te una persona falsa? No di certo. Anzi, probabilmente saresti uno sciocco se ti comportassi allo stesso modo in tutti i contesti.

Il concetto di "intelligenza interpersonale" sottende proprio questo: l'abilità di comportarsi in maniera diversa in relazione a chi abbiamo davanti, a ciò che il contesto sociale richiede, permette a ognuno di noi di gestire le relazioni con gli altri in maniera proficua.

Una persona versatile, chiariamolo subito, non è una persona falsa. Né tantomeno lo è chi, legittimamente, cambia idea su qualcosa. C'è una bellissima frase del poeta inglese Alexander Pope che recita: «Un uomo non dovrebbe mai vergognarsi di ammettere di aver sbagliato, il che significa in altre parole che è più saggio oggi di quanto non fosse ieri».

Cambiare idea, cambiare atteggiamento, cambiare stile di vita non sono sinonimi di incoerenza, ma di evoluzione.

Immagina di aver sempre portato i capelli lunghi e, un bel giorno, di recarti dal parrucchiere, sederti sulla poltroncina e mostrare la foto del taglio corto di capelli che vorresti avere. Ecco, se il parrucchiere rispondesse: «Ma no, non lo fare, sii te stesso/a» cosa penseresti? Oppure, dopo anni di alimentazione sregolata e pigrizia, immagina di volerti iscrivere in palestra. Arrivi, parli col personal trainer e gli spieghi come vorresti fosse il tuo fisico per l'estate prossima. Se anche lui replicasse: «Non farlo, quello non sei tu, sii te stesso/a», probabilmente lo prenderesti per folle. In questo mondo ipotetico perfino il commesso del negozio di vestiti in cui sei entrato per cambiare look ti potrebbe dire: «Questa giacca non è nel tuo stile, sii te stesso/a».

La verità è che possiamo essere chi vogliamo quando vogliamo, e ciò che ci rende o meno persone false non è il modo in cui scegliamo di comportarci o apparire, ma lo scopo per cui indossiamo quella maschera.

Le parole sono pietre

Le parole sono pietre è il titolo di un bel libro di Carlo Levi, ma è anche un motto dalle molteplici interpretazioni possibili, come ho avuto modo di apprendere dal monologhista Roberto Mercadini, il quale ha scorto almeno tre possibili significati di questa frase.

La prima, e più scontata, interpretazione è quella che vede le parole come pietre intese in quanto "oggetti" pesanti.

Insulti, menzogne, maledizioni, cattiverie: parole scagliate addosso agli altri come armi contundenti, **parole "pesanti"**, appunto, viste come un mezzo per ferire i sentimenti dell'altro.

Ovviamente, le parole hanno un peso anche in positivo: un complimento può nutrire la nostra autostima, delle congratulazioni possono accrescere la nostra soddisfazione, un ringraziamento può farci sentire moralmente bene con noi stessi, dandoci la percezione di aver compiuto una buona azione.

Il potere delle parole è quindi immenso: esse possono suscitare uno stato d'animo o porvi fine, possono creare e distruggere un ego, possono svilirci o glorificarci. Quante parole pronunci al giorno? Quanto sono pensate quelle parole? Basta un vocabolo pronunciato in una frazione di secondo a cambiare una vita intera. «Sì, lo voglio»: due vite umane, nel bene e nel male, non saranno più le stesse. «Sei licenziato»: due parole, infinite conseguenze.

Ecco perché dobbiamo stare molto attenti non solo alle parole che consentiamo agli altri di utilizzare con noi e che noi utilizziamo con gli altri, ma anche e soprattutto a quelle che usiamo verso noi stessi.

Dimmi come parli e ti dirò chi sei. Frasi come:

- Non ci riesco.
- Non posso farcela.
- Non valgo niente.
- Non sono capace.

Sono frasi che non è raro rivolgere a sé stessi e che quotidianamente contribuiscono a minare la nostra sicurezza emotiva e che si trasformano lentamente nella convinzione di non essere mai all'altezza, di essere sempre meno degli altri, di non poter raggiungere alcun tipo di successo personale.

Senza rendercene conto, diamo a queste parole più potere che ai fatti concreti. Esse possono infatti farci dimenticare tutto ciò che di buono abbiamo già conseguito, tutti i sacrifici che abbiamo fatto, tutti i traguardi che abbiamo raggiunto.

Il primo passo da fare, dunque, **è essere giusti nei confronti di sé stessi**. Non sono qui a dirti che, semplicemente rivolgendoti a te stesso con parole positive, la tua autostima esploderà e raggiungerai tutto ciò che desideri, ma a ricordarti di essere giusto, buono e onesto quando ti rivolgi a te stesso o parli agli altri di te.

Parole come "sogno", "ambizione", "potenziale", "obiettivo", "determinazione", "convinzione", "riconoscimento", "fede" devono guidare i tuoi passi, perché porteranno frutti nella vita, riconosceranno il valore dei tuoi sforzi e ti proietteranno verso ciò che vuoi raggiungere.

Una volta stabilito qual è il linguaggio con cui puoi rivolgerti a te stesso, avrai creato uno standard. Ecco che allora anche il modo in cui consentirai agli altri di rivolgersi a te cambierà, perché sarai tu a stabilire qual è il peso delle parole che gli altri decideranno di usare nei tuoi confronti. Un complimento ricevuto non ti monterà la testa, perché magari saprai che quel complimento proviene da una persona falsa e insincera, o semplicemente poco competente. Un insulto non cambierà il valore che attribuisci a te stesso, perché sarai consapevole che esso è frutto della frustrazione e della rabbia altrui e che quella parola non ha alcun peso su di te dal momento che non ti descrive realmente.

Il secondo, bellissimo, significato della frase «le parole sono pietre» è che **le parole hanno una solidità, una stabilità, stanno fisse**. E dal momento che stanno fisse, immobili, le si può mettere le une sulle altre e **con esse si può costruire**.

Costruire cosa? Case, palazzi, monumenti, ma anche recinti, muri, celle. Le parole ti aiutano a creare, dal nulla, cose complesse, luoghi di riparo e condivisione tanto quanto di separazione. Le parole, insomma, possono plasmare la realtà.

Soprattutto se messe nero su bianco, le parole non le sposti: stanno fisse, potenzialmente eterne, specialmente con l'avvento del digitale. Se dici una frase offensiva di fronte a una persona, quella frase nasce e muore lì, impattando probabilmente sulla sola vita di quella persona. E se quella persona sceglie di dimenticarla sarà come se la frase non fosse mai esistita. Ma se invece la tua frase offensiva la metti nero su bianco, magari online, resterà nelle menti e sui cellulari di chi l'ha letta, forse per sempre.

Con le parole puoi costruire un pensiero articolato che trovi consensi e unisca, ma anche etichette che dividano, che emarginino, che condannino. E le due cose, bada bene, possono anche coesistere, ti basti pensare al *Mein Kampf* di Hitler o al *Capitale* di Marx, oppure a qualsiasi testo che abbia dato vita a un movimento filosofico, religioso o politico.

Il terzo e ultimo significato della frase «le parole sono pietre» deriva dal secondo. Nel senso che proprio perché fisse, stabili, immobili, le parole non sono qualcosa di vivo. E tuttavia con esse cerchiamo di descrivere la vita, un processo in continua evoluzione.

La parola "demenza", ad esempio, descrive un processo degenerativo molto variabile. C'è una fase iniziale della condizione medica che chiamiamo demenza che consiste semplicemente nello scordare banali informazioni ogni tanto, e una fase finale all'interno della quale la persona che ne soffre diventa totalmente incapace di badare a sé stessa, perde autonomia e autosufficienza. Ma l'arco temporale in cui questa malattia degenera può essere davvero ampio; in alcuni casi può riguardare decenni della vita di un essere umano. La demenza evolve, quindi, ma la parola demenza no: essa descrive una persona che si scorda un fornello acceso o il nome del nipotino tanto quanto una persona che non è assolutamente in grado di intendere e di volere poiché non sa nemmeno più chi è, in che anno è nata o dove si trovi.

Questo esempio ci aiuta a ricordare che **le parole spesso non bastano a descrivere la complessità della realtà**, per il semplice fatto che esse non sono la realtà: se qualcuno ti chiama demente, anche posto che tu lo sia, non è necessariamente detto che tu sia un essere umano totalmente incapace di comprendere ciò che gli accade attorno e di agire in maniera sensata. Allo stesso modo, se qualcuno ti accusa di essere inaffidabile, egoista, impulsivo, ingenuo o immaturo solo perché lo sei stato in passato, ciò non significa che quella parola ti descriva anche oggi. Le parole sono pietre, le persone no.

Maschere o menzogne?

Premesso dunque che l'incoerenza è parte di noi, dei nostri cambiamenti nel tempo, del nostro stesso linguaggio, resta comunque il fatto che c'è un'abissale differenza tra il cambiare idea e il mentire.

Una bugia è un'alterazione deliberata della realtà oggettiva dei fatti e, sebbene tutti ci siamo cascati almeno una volta nella vita, alcuni di noi sono particolarmente camaleontici, amano modificare la verità, mentire, raggirare, truffare, ingannare, non necessariamente per tornaconto personale ma anche solo per il gusto di farlo. Ebbene sì: la falsità, pur nascendo con uno scopo, nel tempo può diventare una vera e propria abitudine.

La prima domanda che dobbiamo porci è un po' generica, ma ci aiuta a comprendere la mentalità del falso: **perché mentiamo?**

Banalmente, il primo motivo per cui sin da piccoli iniziamo a mentire è quello di renderci la vita più facile. «Non sono stato io»: chi di noi, pur consapevole della propria colpevolezza, durante l'infanzia non ha mai pronunciato queste quattro magiche parole per fuggire dalle responsabilità?

Questo esempio basta a ricordarci quanto mentire sia il modo più semplice per evitare conseguenze spiacevoli, ma non tutte le nostre menzogne vogliono nascondere una colpevolezza. Mentiamo quando siamo troppo pigri per uscire il sabato sera, mentiamo quando non abbiamo voglia di dare una mano a un parente alle prese col trasloco, mentiamo per nascondere un nostro difetto, per apparire migliori o diversi, a volte per sembrare più grandi, altre per mostrare qualche anno in meno, mentiamo per essere assunti a un colloquio di lavoro, per fare colpo su qualcuno al primo appuntamento, per pagare meno tasse, per godere dei benefici di una relazione extraconiugale e così via.

Paul Ekman, psicologo statunitense e luminare nel campo delle emozioni e delle microespressioni facciali, ha elencato nove motivazioni che ci portano a decidere di mentire:

- Evitare la punizione.
- Ottenere una ricompensa altrimenti difficile da ricevere.
- Proteggere un altro da una punizione.
- Proteggersi dalla minaccia di danni fisici.
- Ottenere l'ammirazione degli altri.
- Liberarsi da una sgradevole situazione sociale.
- Evitare l'imbarazzo e la vergogna.
- Difendere la privacy.
- Esercitare potere sugli altri, tentando di manipolare l'informazione.

Una cosa è certa: mentiamo, in qualunque caso, per ottenere dei vantaggi. E, tuttavia, chi stabilisce quando è troppo? Quando il vantaggio è eccessivo? Quando la bugia è immorale? Il confine è e resterà eternamente soggettivo, ma un indizio in tal senso potremmo ottenerlo se, prima di mentire, ci chiedessimo: ***Che conseguenze ha questa menzogna sulla vita degli altri?*** *E quali invece sarebbero le conseguenze per me se questa falsità venisse scoperta?*

Qualcuno si offenderebbe? Qualcuno si farebbe del male? Qualcuno potrebbe morire? Io verrei umiliato? Verrei punito? Pagherei una multa? Finirei in carcere? In genere, più sono gravi le potenziali conseguenze, più la nostra falsità è immorale.

Dunque, se ti stai chiedendo se e quanto tu sia una persona falsa, non ti resta che provare a pesare le potenziali conseguenze delle tue piccole o grandi menzogne.

Oltre a darci vantaggi pratici, le menzogne riguardo a noi stessi contribuiscono anche a costruire la nostra persona da un punto di vista caratteriale.

Il paradosso delle bugie è che, pur essendo noi consapevoli che non corrispondono al vero, ci nutriamo di esse per modellare la nostra autostima, rendendo difficile agli altri e a noi stessi l'accesso alle parti più oscure del nostro io.

A questo punto è necessario spiegare il rapporto tra bugie e autostima. Il nostro cervello cerca sempre di proteggerci, spesso senza che ne siamo davvero consapevoli. E la tattica migliore che la mente ha a sua disposizione è cercare di mantenere intatta la nostra autostima.

Le bugie in questo caso non sono altro che un meccanismo di autodifesa, un modo per continuare a ribadirci quanto valiamo, anche se la realtà dei fatti racconta il contrario. La nostra autostima è infatti il sentimento (positivo o negativo) che accompagna la valutazione che facciamo di noi stessi, delle nostre parole e delle nostre azioni.

Immagina di essere a tavola con degli amici e di star addentando l'ultima oliva rimasta nel centrotavola quando, inaspettatamente, uno dei commensali ti critica, facendoti notare il tuo egoismo. Come detto, scoprire che potresti davvero essere egoista danneggerebbe la valutazione positiva che hai di te stesso. Per evitarlo, la tua mente, così in fretta che non te ne rendi nemmeno conto, copre quella possibilità con uno scenario che non ti faccia perdere autostima: «Non avevo notato che fosse l'ultima, altrimenti avrei chiesto a tutti prima di mangiarla».

Le bugie rischiano di essere un autoinganno costante a

cui dobbiamo fare molta attenzione: **se non siamo consapevoli dei nostri difetti possiamo forse cambiarli?**

Cos'è una bugia?

Sebbene sia abbastanza comune definire una bugia come un'alterazione volontaria e consapevole della verità, a livello psicologico si possono distinguere tre tipi di bugie:

- menzogne esplicite;
- esagerazioni o minimizzazioni;
- bugie sottili.

Le menzogne esplicite sono vere e proprie falsificazioni volte a stravolgere completamente la narrazione. L'informazione trasmessa dal menzognero è difforme dalla realtà oggettiva dei fatti e la verità viene sostituita con altri elementi: un uomo che torna a casa dopo una giornata trascorsa al bar davanti a un videopoker e racconta alla moglie di essere stato al lavoro sta mentendo esplicitamente.

All'interno delle esagerazioni e delle minimizzazioni, invece, i fatti vengono sovrastimati o sottostimati. Il più delle volte utilizziamo questo tipo di bugie per ottenere un maggior livello di stima e accettazione in contesti sociali. Ogni volta che esageri un complimento verso qualcuno, ogni volta che fingi che un regalo ricevuto ti piaccia quando invece ti delude, sii consapevole che questa è comunque una forma di menzogna.

Infine, le bugie sottili sono verità letterali imbastite ad hoc per indurre in errore un'altra persona. È possibile che la bugia sottile sia un'evasione della risposta: immagina che qualcuno ti chieda «Cosa ne pensi di questi jeans? Ti piacciono?», e che, per non deludere il tuo interlocutore, la tua risposta sia «Compro spesso jeans di questa marca». Tecnicamente, non hai affermato che quel capo di abbigliamento ti piace, ma lo hai lasciato intendere facendo un vago riferimento al fatto che acquisti spesso capi di quel brand.

In questa categoria rientrano anche le omissioni, ovvero il non dire cose che si sanno, e il lasciar intendere informazioni inesistenti. Se qualcuno ti chiede «Hai superato bene l'esame di ieri?», basta un «Che te lo dico a fare...» per far passare il messaggio di un risultato proficuo in realtà mai ottenuto.

Riconoscere il bugiardo patologico

Proprio in virtù di questa funzione legata alla nostra autostima, le bugie sono per alcune persone una via facile e comoda da percorrere per apparire migliori di quanto non siano. Infatti il bugiardo patologico è nella maggior parte dei casi una persona con bassa, bassissima autostima, che ha costante bisogno dell'approvazione altrui, di sentirsi amato e ammirato, e per raggiungere questo scopo finge costantemente di essere qualcuno che non è.

E allora gli spietati imbroglioni? I maghi della truffa che mentono a solo scopo di lucro? Non sembrerebbe che loro traggano beneficio dai giudizi altrui, anzi spesso hanno fama di delinquenti.

Ebbene sì, anche i più spietati truffatori mentono per lo stesso motivo, ossia l'approvazione, solo che essi ottengono questa approvazione dal denaro piuttosto che dall'accettazione delle persone. Non dimentichiamo che, tra i tanti aspetti, il denaro è un costrutto puramente sociale, e che possederlo genera una sensazione di potere, un toccasana per chi ha bisogno di supplire a una bassa autostima.

Purtroppo, chi è vittima di un raggiro, di una truffa o di un tradimento non se la passa meglio: anzi, la sua autostima viene costantemente minacciata e messa in discussione nelle fasi di dubbio e rischia di andare completamente in frantumi nell'esatto momento in cui la verità salta fuori.

Per questo, riuscire a tutelarsi dai bugiardi patologici diventa una necessità, sebbene si tratti di un compito difficile. Avere a che fare con una persona aggressiva, pettegola o lamentosa può metterci in grande difficoltà, ma queste caratteristiche, per quanto deleterie, sono comunque palesi, per cui individuarle risulta molto più facile di quanto non lo sia smascherare una menzogna.

Vengono in nostro aiuto alcuni trucchi per rilevare le bugie. Anzitutto, ogni menzogna che raccontiamo genera in noi un'emozione: il mentire viene associato il più delle volte a senso di colpa, paura o eccitazione. Queste emozioni, in genere, suscitano microespressioni e alterano il comportamento di chi mente: il senso di colpa, ad esempio, ci porta a nascondere lo sguardo, la paura può far tendere le labbra, l'eccitazione può provocare l'insorgenza di un sorrisetto sul volto. L'incapacità di controllare l'emozione, a livello conscio, causa dunque determinati comportamenti inconsapevoli che ci permettono di capire se siamo o meno in presenza di una menzogna. Restando sul piano del linguaggio non verbale, ci sono altri indizi espressivi che possiamo cogliere se sospettiamo che qualcuno ci stia mentendo. Chiaramente, questi indizi non sono prove schiaccianti di una menzogna, ma comportamenti che spesso le persone mettono in atto quando dicono il falso e che quindi possono verosimilmente alimentare i nostri dubbi circa la veridicità di ciò che ci viene riferito. Come detto, comunemente chi mente tende a distogliere lo sguardo dall'interlocutore, o comunque evita il contatto visivo costante; quando c'è da inventare un'intera storia, il bugiardo sposta lo sguardo in un punto specifico, in alto a destra, accedendo così all'emisfero creativo del cervello. Un trucco utilizzato dalle forze dell'ordine quando hanno dubbi circa un racconto fatto da un testimone è quello di far ripetere la storia al contrario, riavvolgendo il nastro degli eventi dall'ultimo al primo.

Anche altri gesti sottili, come deglutire spesso o prendersi un po' di tempo per rispondere, denotano insicurezza. Ovviamente, le persone più avvezze alla menzogna hanno meno esitazioni e sono capaci di mostrarsi molto sicure anche nell'affermare il falso. Tuttavia, alcuni elementi possono aiutarci a riconoscere il mentitore esperto.

Il bugiardo patologico usa spesso le menzogne come modi creativi per ingigantire il suo ego; questo però lo può portare a osannarsi esageratamente, a narrare gesta poco credibili. Egli è anche poco avvezzo all'autocritica, tende a non rivelare naturalmente aspetti negativi e criticabili di sé e difficilmente mette in dubbio la propria memoria o il proprio agire. Inoltre, i mentitori esperti spesso aggiungono molti dettagli perché ritengono che ciò renda più credibili le loro storie, sebbene molti di questi dettagli siano assolutamente non necessari. Pur essendo abili, possono cadere in contraddizioni e incongruenze, perché la memoria ha un limite quando si tratta di ricordare tutto ciò che viene costruito e immaginato da zero. Se una storia è troppo perfetta, è probabile che non sia del tutto veritiera.

Infine, ma non meno importanti, ci sono gli aspetti comportamentali: il toccarsi la testa, il cambiare postura, il tono della voce... Questi indizi, uniti a quelli di tipo emotivo, diramano una serie di indicatori non verbali che ci possono confermare la presenza di menzogne. Tra questi:

- aumento della sudorazione;
- pause prolungate;
- uso reiterato di intercalari;
- movimenti nervosi di mani, dita, gambe, piedi, tronco;
- errori nel parlato o ripetizioni;
- frequenti cambiamenti di postura;
- tono della voce alterato;
- velocità del discorso inusuale;
- incostanti periodi di silenzio tra domanda e risposta;
- sorrisi di circostanza.

Pinocchio sono io?

Tante volte ti sarà capitato di chiederti *Questa persona mente cronicamente?*, e di iniziare a collezionare informazioni che possano confermare o smentire tale sospetto. Ma se la domanda diventa *Io mento cronicamente?*, il discorso si complica.

Non è facile ammettere a noi stessi di essere dei bugiardi, perché il nostro ego tenderà sempre a proteggerci, a raccontarci che siamo i buoni, a farci credere che ci sia sempre una giustificazione ragionevole per le nostre menzogne e falsità.

Viceversa, quando analizziamo gli altri, difficilmente ci chiediamo il perché stiano mentendo, difficilmente cerchiamo di approfondire l'analisi andando a verificare se ci sono delle giustificazioni alle loro menzogne: semplicemente li cataloghiamo come bugiardi.

Se non vuoi continuare a mentire, in primo luogo devi smetterla di giustificarti più di quanto giustificheresti gli altri. Ognuno di noi, in media, mente circa un paio di volte al giorno, ovvero quattordici bugie a settimana, sessanta bugie al mese, settecentotrenta bugie all'anno. Credi davvero che tutte siano ragionevolmente motivate? Che non te ne potessi risparmiare qualcuna?

Ecco allora un breve vademecum per provare a smettere di mentire:

- NON TEMERE LE CRITICHE. Il giudizio altrui è spesso severo e ingiustificato. Sappi riconoscere le critiche costruttive che ti aiutano a evolvere. Se lo farai, anche il tuo rapporto con gli altri migliorerà, poiché essi saranno piacevolmente sorpresi nello scoprire che sei in grado di trarre benefici dai loro commenti.
- COSTRUISCI LA TUA AUTOSTIMA. Se acquisirai maggiore fiducia in te stesso e ti piacerai, niente ti impedirà di mostrarti come sei.
- NON RACCONTARE LA VERSIONE IDEALE DI TE. Cerca di fare dei passi in avanti per diventare la persona che desideri essere, piuttosto che tamponare la distanza tra il te ideale e il te reale con le menzogne.
- ADOTTA SANE CONVINZIONI. Renditi conto che nessuno è perfetto, che gli altri non sono ciò che ti mostrano con le apparenze, che le imperfezioni ci rendono umani, che tutti commettiamo errori, che tutti siamo parte di un continuo processo di cambiamento.
- PRIMA DI MENTIRE, PRENDITI DEL TEMPO PER VALUTARE LE CONSEGUENZE DI CIÒ CHE POTRESTI DIRE. Spesso e volentieri anche solo tacere è meglio che mentire.

- SCOPRI COSA C'È DIETRO ALLE TUE BUGIE. Un metodo efficace per farlo è tenere un piccolo diario delle bugie sul quale appuntare anche le più piccole menzogne che dici quotidianamente. Una volta segnata ogni bugia, scrivi anche la motivazione che ti ha portato a mentire. Volevi ottenere qualcosa? Eri alla ricerca di approvazione? Così facendo scoprirai su quali aspetti di te stesso dovrai lavorare.

Il Mediocre

Il coraggio di osare

La mediocrità è una sirena che tenta tutti quanti, perché possiede un'indubbia qualità: è comoda. Quella della mediocrità è una via nella quale siamo già instradati sin da quando ci alziamo al mattino e iniziamo a pensare a cosa abbiamo da fare durante la giornata, dimenticandoci di noi, delle nostre ambizioni, delle nostre volontà.

Quanto tempo è passato dall'ultima volta che hai fatto un bel pasto completo, spendendo del tempo per cucinare qualcosa che ami? Quanto tempo è trascorso dall'ultima volta che sei andato a vedere un film, che ti sei preso un pomeriggio per leggere un libro o fare una lunga passeggiata? E quel progetto che hai in cantina da una vita, da quanto tempo non lo riprendi?

Ti alzi al mattino e fai ciò che è urgente, ma urgente per chi? Quante cose fai davvero per te? Il lavoro che fai, lo fai per te? Ti appaga? Ti fa stare bene, o ti serve solo a sopravvivere, a mantenere un tenore di vita mediocre, mentre fai felice qualcun altro? Dove sono i tuoi sogni, i tuoi obiettivi, le tue idee? Quali benefici ti concede lo stile di vita che stai conducendo?

Se ciò che stai facendo non ti migliora, non ti eleva, non ti fa sentire bene giorno dopo giorno, è probabile che tu ti stia accontentando della mediocrità. Per rispondere a questi interrogativi basta poco, basta metterti in contatto con la persona che eri cinque o dieci anni fa. Ricordi cosa pensava quella persona, quali ambizioni aveva? Inizia a chiederti se quella versione di te sarebbe soddisfatta di ciò che sei e che fai oggi.

Forse, quando hai terminato gli studi, avevi delle idee chiare – progetti che, sommersi dalle tante piccole urgenze quotidiane che hai anteposto alla tua felicità, si sono fatti man mano sempre più sfocati e lontani.

Senza rendertene neppure conto, tante delle tue scelte non sono state neppure scelte, hai semplicemente fatto ciò che fa il resto del gregge: hai accettato la mediocrità perché ti rassicura, perché non ti rende mai colpevole, mai fallace.

A far ciò che fanno tutti non si sbaglia mai, è questa la comodità che la mediocrità offre. Se segui il sentiero, decidendo di rinunciare a ogni possibile deviazione che rappresenti un piccolo azzardo, vai sul sicuro, nessuno ti giudicherà male o ti dirà che hai sbagliato.

Dove regna il conformismo, il vuoto rimbomba ogni giorno di più, i sogni diventano ricordi e le ambizioni svaniscono, perché la mediocrità si autoalimenta: se scegli di farti tentare da essa tutto attorno a te inizierà a sembrarti mediocre – il luogo dove vivi, ciò che possiedi, le persone che frequenti. Ecco, se tutto ti sembra mediocre ho una brutta notizia per te: sei un mediocre anche tu. Già, perché solo un mediocre si accontenta di vivere nella mediocrità.

Ma ho anche una buona notizia: **puoi venir fuori dalla**

mediocrità, e anche abbastanza in fretta. In questo capitolo cercheremo di capire come fuggire dalla mediocrità e dai mediocri.

Una cosa che ti consiglio di fare al più presto, se non hai già questa abitudine, è **scrivere**. E non intendo prendere appunti su fogliettini sparsi qua e là, intendo che dovresti redigere un vero e proprio diario, uno spazio solo tuo all'interno del quale raccontare le aspettative rispetto a te stesso, a ciò che vuoi conseguire nella vita, a ciò a cui non vuoi rinunciare. Se lo avessi fatto dieci anni fa, oggi ti basterebbe sfogliare quelle pagine per capire se ti sei accontentato della mediocrità. Di fronte al racconto nudo e crudo delle aspettative del vecchio te, non potresti raccontarti balle.

Farti un'idea di quanto sei lontano dalla versione migliore di te è il primo passo da compiere per uscire dal pantano della mediocrità.

Dimmi con chi vai e ti dirò chi sei

Johann Wolfgang von Goethe disse: «Dimmi con chi vai e ti dirò chi sei, e se so di che cosa ti occupi saprò che cosa puoi diventare». L'intuizione del filosofo non era affatto errata, tant'è che è stata ripresa nel corso dei secoli in varie versioni. Quella che preferisco però è senza dubbio la variante formulata qualche tempo dopo da Jim Rohn, imprenditore statunitense secondo il quale siamo la media delle cinque persone che frequentiamo di più.

Sia chiaro, non stiamo parlando dei nostri cinque migliori amici, ma delle persone con cui concretamente trascorriamo più tempo. Guardati attorno, pensa ai tuoi familiari, alle persone con cui esci la sera, ai tuoi colleghi, al tuo o alla tua partner. Individua le cinque persone con cui spendi più tempo e poi prova a buttar giù una lista delle loro migliori qualità e dei loro peggiori difetti.

Probabilmente noterai che tante di queste caratteristiche appartengono anche a te. È normale. Condividendo esperienze, stili di vita e linguaggi con queste persone, hai finito per assorbire un po' di loro, così come loro assorbono un po' di te.

A livello scientifico, il paradigma di Rohn può essere confermato dalla teoria dei neuroni specchio, che afferma che i nostri neuroni entrano in "risonanza" con stimoli esterni che tendono poi a prendere come modello e quindi replicare.

Banalmente, se trascorri più tempo con persone sorridenti e allegre sarai più sorridente e allegro, se stai sempre a contatto con persone depresse ti deprimerai.

Il giochino delle cinque persone serve proprio a questo: se tutti i punti in comune che hai trovato tra te e le persone che ti gravitano attorno hanno a che fare con la mediocrità c'è qualcosa che non va.

Cosa stai assorbendo? Con cosa stai nutrendo la tua mente? Cosa ti danno le persone che frequenti? Avete in comune solo gli stessi grossolani difetti caratteriali, o c'è del buono?

Pigrizia, ansia, timore, rabbia, pavidità, paura, indolenza, agitazione, permalosità, frustrazione, tristezza dovrebbero essere cose che vanno e vengono, non negatività da assorbire costantemente e di cui impregnarsi come una spugna. Ecco perché devi scegliere bene le persone che decidi di avere accanto: la mediocrità è contagiosa e non esiste individuo che possa rimanere sano vivendo immerso in un ambiente malsano. Se l'aria attorno a te è inquinata non puoi pensare di avere dei polmoni vigorosi, se l'acqua con cui ti disseti ogni giorno è putrida il tuo intero organismo ne risentirà. Pensi che la tua mente sia immune da contagi negativi? Anch'essa si nutre di qualcosa che arriva dall'esterno e anch'essa ne risentirà, in positivo o in negativo.

I neuroni specchio sono il mezzo attraverso il quale la nostra mente entra in connessione con gli altri. Quando compiamo un gesto si attivano determinate aree neuronali del nostro cervello, ma la sorprendente scoperta del neuroscienziato Giacomo Rizzolatti, datata 1992, fu che queste aree non si attivano solo in chi compie il gesto, ma anche in chi lo vede compiere. Insomma: il nostro cervello codifica e interiorizza azioni per poi tendere a replicarle, e la cosa sconvolgente è che questo non avviene solo relativamente all'area motoria, ma anche in quella emotiva.

Quando osserviamo qualcuno che è triste empatizziamo col suo dolore, poiché si attiva in noi esattamente la stessa zona dell'insula: i neuroni specchio sono quindi una risorsa che ci permette di entrare pienamente in contatto coi sentimenti altrui. Ma cosa accade se i nostri neuroni specchio osservano costantemente tristezza, mestizia, rassegnazione?

Frequentare persone lamentevoli ti renderà lamentevole, ti impedirà di goderti le cose belle che ti accadono nella vita e probabilmente persino di notarle.

Viceversa, attorniarti di persone attive, solari, felici ti condurrà più probabilmente a sperimentare emozioni positive.

Temi il timore

Abbi paura di una vita di paure, temi il timore. La maggior parte della gente che fallisce non è quella che viene sconfitta, è quella che nemmeno ci ha provato.

Le persone di successo, quelle che riescono a raggiungere gli obiettivi che si prefiggono, non sono poi così diverse da te, non sono speciali, non sono più intelligenti o più forti – anzi, anche loro attraversano momenti di timore e incertezza. La loro abilità, però, è riuscire a non farsi paralizzare da queste emozioni. Non esiste persona che non sperimenti la paura.

La paura è un'emozione assolutamente sana: ci aiuta a difenderci dalle minacce, a capire quando è il momento di darsela a gambe per salvarsi la pelle. Essa però diventa tossica quando ci porta all'evitamento di situazioni innocue, che però immaginiamo come minacciose nella nostra testa.

La parola che deve guidarti, se vuoi allontanarti dalla mediocrità, è "nonostante". Chi si eleva dalla mediocrità persegue il suo obiettivo nonostante le insicurezze, i dubbi, il timore di scavalcare il recintino della propria zona di comfort. Solo percorrendo la tua strada troverai gli strumenti di cui hai bisogno. Restare fermo, invece, ti impantanerà.

I mediocri hanno molte più giustificazioni per essere tali rispetto ai violenti o ai bugiardi, perché molti di noi si ritrovano nella mediocrità per cause di forza maggiore e semplicemente non hanno il coraggio di rischiare qualcosa per uscirne. Ecco perché, sicuramente, almeno una volta nella vita sia io sia te siamo stati mediocri, ci siamo accontentati anziché ambire a qualcosa in più.

Forse ti sarà capitato di fare un lavoro che non amavi, o magari lo stai ancora facendo. Probabilmente quando hai accettato la mansione non avevi grandi alternative, o non c'erano le condizioni per iniziare il tipo di carriera lavorativa che desideravi.

Però gli anni passano in fretta ed è veramente breve il passo da «Appena ci saranno le condizioni farò quella cosa che tanto desidero» a «Ormai è troppo tardi per fare quella cosa».

«Sono troppo stanco», «ho raggiunto una certa età», «non ho abbastanza tempo» sono solo alcune delle tante scuse che racconti a te stesso per abbandonare silentemente un'ambizione che solo qualche anno fa avresti definito vitale. Sei passato dal vivere al sopravvivere così in fretta da non rendertene conto?

Gli esseri umani spesso sono conservatori, tendono ad aggrapparsi a poche certezze piuttosto che ambire al meglio, poiché temono che potrebbero perdere anche il poco che hanno conseguito.

La nostra cultura è intrisa di inviti alla prudenza. "Meglio un uovo oggi che una gallina domani", diciamo in Italia. "*Más vale malo conocido que bueno por conocer*" (meglio un male conosciuto che un bene da conoscere), dicono gli ispanici. Ma che senso ha accontentarsi di un male minore per paura di un ignoto potenzialmente positivo?

Viviamo in un mondo che certamente ha mille difetti, ma possiede anche alcuni vantaggi che non hanno eguali nella storia dell'umanità, e non sfruttarli diventa una scelta deliberata. Mai come oggi è stato così facile reperire un'informazione, ora che tutto è a portata di click; mai in passato ci si è potuti recare dall'altra parte del mondo con la rapidità con cui lo si può fare adesso; mai in passato si sono potute conoscere persone, acquisire competenze, apprendere lingue, mantenersi in forma, mangiar bene come lo si può fare al giorno d'oggi. Se vuoi, nel 99 per cento dei casi, puoi. Il resto sono scuse. I tuoi avi, i tuoi nonni, i tuoi stessi genitori se le sognavano le infinite possibilità di cui tu disponi. E nonostante queste possibilità scegli di accontentarti?

La vita comoda dei mediocri è una bugia, non c'è nulla di comodo nel possedere l'ultimo modello di automobile se quell'automobile ti serve solo ad andare al lavoro a far ricco qualcun altro. Non ti serve a nulla una grande casa, una piscina, una tv da 70 pollici, un divano super confortevole, se poi nella reggia che hai creato col sudore della tua fronte riesci a malapena a trascorrere le ore necessarie a dormire e ingollare un pasto veloce.

Disponi del potenziale, dell'intelligenza e dell'energia per vivere alle tue condizioni: puoi ancora uscire dai solchi che i mediocri tracciano per te.

Riconoscere i mediocri

La mediocrità è come uno sbadiglio: contagia chiunque la osservi. Non è solo pigrizia, ma una vera e propria forma di letargo mentale, di mancanza di stimoli, di perdita di sogni e desideri che porta a conformarsi a una vita monotona. Tutto questo non accade all'improvviso, il mediocre non diventa mediocre da un giorno all'altro. Le sue abitudini si fanno ogni giorno più noiose, le sue ambizioni diventano man mano miraggi lontani, e senza nemmeno accorgersene egli scivola nel limbo dell'inconsistenza e della vacuità.

Chiaramente, il mediocre non è cieco di fronte alla realtà, anzi riconosce molto bene le persone di successo, gli ambiziosi, i sognatori, e quando si trova a paragonare sé stesso a questo tipo di persone non può che ricorrere a un meccanismo di difesa fondamentale per salvaguardare la propria autostima: la svalutazione altrui.

Il mediocre esalta valori come la sicurezza e la stabilità, e fin qui non ci sarebbe nulla di male. Il problema è che fa di questi valori la propria bandiera al punto da sminuire ogni esperienza che vada al di fuori della zona di comfort che il suo stile di vita delimita. Il mediocre si arrabbia se non ascolti i suoi ammonimenti, si infastidisce se non ti abbeveri alla sua saggezza, se non ti nutri dei suoi consigli. Ma le sue parole non sono mai strumento di crescita, tutt'altro: il suo obiettivo è confinarti nei suoi stessi spazi, far sì che tu non possa superarlo in nulla. La tua mediocrità è la sua gioia, perché gli conferma di aver fatto bene ad accontentarsi nella vita.

Il mediocre ha un disperato bisogno di confermare le proprie scelte e di negare a sé stesso possibili rimpianti; per questo il suo scopo è fare proselitismo, diffondere mediocrità per il globo. Più mediocri ci sono al mondo, meno lui vivrà un senso di inferiorità. Tarparti le ali è per lui una missione di vita, anche se a suo dire lo farà per il tuo bene, per proteggerti dai pericoli delle ambizioni eccessive. L'importante, per il mediocre, è "arrivare a fine mese", accontentarsi sempre e comunque, smettendo di combattere per ottenere anche solo una briciola in più.

Puoi scegliere anche tu di fare della prudenza il tuo *modus operandi*, per carità, è un tuo diritto, ma devi sapere che abbracciare questa filosofia di vita comporta inevitabilmente la perdita dell'inatteso e della straordinarietà. Niente per il mediocre è extra-ordinario, anzi l'ordinario è tutto ciò a cui anela.

Il cambiamento terrorizza i mediocri perché essi non posseggono capacità di adattamento: per questo tendono a essere grandi conservatori. Non riconoscono agli altri molti diritti per il semplice fatto che a loro, tempo addietro, non sono stati concessi. «Se non posso averlo io, allora non lo avrai neanche tu. Se non posso farlo io, non lo farai neanche tu.»

Il mediocre è un bambino capriccioso e attaccato alla sottana della mamma, ha paura di allontanarsi dai genitori per andare a giocare al parco e per questo non vuole che ci vadano nemmeno i suoi fratellini.

Spesso, purtroppo, i mediocri sono persone a noi molto vicine, che ci riempiono di attenzioni e premure solo finché restiamo fedeli alla mediocrità che vorrebbero per noi, altrimenti prendono le distanze. Pensaci bene: hai forse un amico che ha scelto un lavoro sicuro ma modesto e ha smesso di parlarti nel momento in cui tu hai cominciato ad avere successo, puntando a traguardi più importanti dei suoi? O forse hai un genitore che ti ha supportato solo finché hai rispettato tutti i paletti che metteva per te?

Il miglior modo per riconoscere un mediocre è proprio questo: **essere ambiziosi e perseverare nei propri sogni**. Se lo farai, le persone che ti amano davvero, che ti stimano e vogliono il tuo bene ti supporteranno spontaneamente, anche nel caso in cui non comprendano a pieno le tue scelte. Viceversa, tutti i mediocri si allontaneranno da te quando si renderanno conto che non c'è modo per riportarti al loro livello, alla loro mediocrità.

Facendo questo ti accorgerai che il gregge dei mediocri è molto folto, e che questi demolitori di ambizione sono attorno a noi, in ogni dove: sono quelli che si alzano al mattino e seguono la solita routine, vanno al lavoro o all'università, passano un buon numero di ore a fare quello che reputano un loro dovere e poi si mettono in macchina o prendono la metro e tornano a casa, cenano, guardano alla tv programmi che qualcun altro ha impacchettato per loro, vanno a dormire e al mattino dopo ripartono da capo. È possibile che per una o due settimane all'anno si concedano di uscire da questa routine e si spingano addirittura a fare un viaggio, che altro non sarà se non una routine alternativa, fatta di colazioni in hotel, passeggiatine e piedi a mollo in piscina o al mare.

Tutte le scelte del mediocre non sono davvero sue, egli segue semplicemente la massa. Sente che la sua coscienza è a posto perché fa sempre quello che "va fatto". Il che ci porta a un'altra caratteristica emblematica del suo carattere: il mediocre non ha mai un dubbio.

Nessuna delle sue scelte è mai stata in bilico. Scuola, lavoro, partner: tutto nella sua vita è sempre stato lineare, tanto lineare da far quasi invidia. Come ha fatto uno così a trovare subito l'amore, mentre io che ho mille qualità in più non ci riesco? Come fa lui ad avere un lavoro abbastanza remunerativo, mentre io che ho tante competenze non sono ancora riuscito a far decollare quel progetto che ho in cantiere da anni? Semplice, si è accontentato.

Chi si accontenta non ha mai dubbi, non ha ansie, non ha preoccupazioni, e non ne ha perché non sta rischiando nulla. Per questa ragione ti capiterà inevitabilmente di invidiare un mediocre, di desiderare, almeno per un attimo, la sua tranquillità. Quando pensi questo, ricorda che quella serenità egli l'ha pagata a caro prezzo, l'ha acquistata rinunciando a ogni sua ambizione, a ogni stimolo, a ogni novità, a ogni sfida.

Il che ci porta a un altro tratto saliente del mediocre: la demotivazione. Chi sceglie di accontentarsi di un lavoro che non gli piace, di un compagno o compagna di vita con cui non condivide nulla, di uno stipendio risicato, vive un costante senso di demotivazione. Il mediocre è il collega che timbra il cartellino e fa poco o niente, nell'attesa che trascorrano quelle interminabili otto ore in ufficio. «Ma che ci sforziamo a fare, con la miseria che ci pagano» è una frase che potresti avergli sentito dire. Come vedi, la sua demotivazione è contagiosa, mira ad attirarti nel baratro dell'indolenza. Un'indolenza iniziata molto prima, quando a scuola studiare era inutile, tanto alla fine sarebbe bastata una sufficienza per essere promossi, per "sopravvivere".

I mediocri condannano e rigettano tutto ciò che non è alla loro portata. Per questo, a meno che la dea bendata non decida di investirlo di immensa benevolenza, un mediocre non diventa quasi mai una persona di successo, a nessun livello. La relazione di coppia che forse ti sei sorpreso a invidiargli non è solida come credi, ma logorata da una grigia quotidianità. I soldi che guadagna sono utili alla sua sopravvivenza e a nulla più, poiché sarebbe terrorizzato da qualsiasi tipo di investimento o di esperienza di vita che si allontani dalla routine.

Un mediocre è qualcuno che semplicemente è stato comprato dalla società, che ha venduto la sua vita a un progetto già scritto, ha abbassato la testa e detto basta a ogni tipo di sfida, a ogni scelta, a ogni novità. Conformarsi alla mediocrità significa rinunciare all'esercizio del libero arbitrio, impoverirsi cognitivamente, culturalmente, spiritualmente e umanamente.

Il risveglio

Parliamoci chiaro: c'è il rischio che, almeno a tratti, tu ti sia riconosciuto nelle parole che hanno descritto il mediocre in questo capitolo. Tuttavia, se ti sei adagiato sulle pigre sponde del fiume della sufficienza e hai cominciato ad assopirti, non temere: non è troppo tardi per il risveglio.

Sconfiggere la mediocrità non è un'impresa facile, se non altro perché farlo presuppone la necessità di spezzare i legami che ci tengono incatenati al conformismo e alle comodità. Il raggiungimento di una vita non ordinaria, che altro non è che una vita straordinaria, passa da questi punti cardine:

- RINNOVATI OGNI GIORNO. Non serve stravolgere la tua vita costantemente, ma nemmeno devi essere schiavo della routine.

- DIVENTA PADRONE DI TE STESSO. Sii tu a dettare gli obiettivi, a valutare il tuo operato, nel bene e nel male.
- VISUALIZZA I TUOI SOGNI. Non raggiungerai nulla se non definisci quali sono i tuoi obiettivi.
- NON TI CORROMPERE. Tante volte nel percorso che intraprenderai troverai scorciatoie, ignorale.
- SII PUNTUALE. Datti delle tempistiche e rispettale, combatti la pigrizia.
- FA' TUTTO CIÒ CHE TI PROPONI CON QUALITÀ ED EFFICIENZA. Puoi eccellere senza cadere nel perfezionismo.
- SII GRATO. Se arriverai a raggiungere i tuoi obiettivi, probabilmente avrai la tua buona stella, ringraziala.
- NON FARE NULLA SOLO PERCHÉ LO FA IL BRANCO. Chiediti quali sono i reali costi e benefici di ogni opzione e scegli solo in base a ciò che è ottimale per te.

Ci saranno sempre delle circostanze sfavorevoli a cui potrai appellarti, a cui potrai dare la colpa di ogni tuo insuccesso e persino della tua stessa pigrizia. Potrai dire di non aver agito perché il momento non era propizio, perché la situazione non era favorevole, oppure potrai decidere di creare le condizioni affinché il tuo sogno si trasformi in realtà.

Tutto ciò di cui hai bisogno per trionfare si trova dentro di te, devi solo prendere la decisione di essere l'uomo o la donna che vuoi essere, senza aspettare che siano gli altri a portare il cambiamento nella tua vita. Inizia a muoverti tu per primo, e chi condivide con te sogni, obiettivi e ambizioni ti seguirà. E anche se nessuno si unisse a te, se il tuo cammino restasse solitario, saprai di aver raggiunto i tuoi obiettivi con le tue sole forze. Sii il proprietario della tua mente e del tuo corpo, delle tue emozioni e dei tuoi pensieri, non l'inquilino. Genera il cambiamento.

È ora di iniziare a dare valore alla tua vita, alle tue passioni, ai tuoi desideri. La via del cambiamento positivo non può essere percorsa dai mediocri, richiede audacia, impegno, concretezza.

Abbattere i muri di ciò che ti allontana dalle tue ambizioni non è un'opzione ma un tuo diritto, è ora di andare alla scoperta dell'immenso potenziale che è sopito dentro di te. Come? Rinunciando, a partire da oggi, a tutte le abitudini mediocri.

Guardati attorno: vuoi essere come loro?

Il Colpevole e la Vittima

Il peccato originale

Il senso di colpa non esiste. O meglio: non esisteva, in principio. **La colpa non è qualcosa di innato**, non è connotata in noi geneticamente o ancestralmente, non è una delle emozioni di base che siamo capaci di provare sin da quando nasciamo. Lo dice anche la storia più vecchia del mondo: in principio eravamo liberi, lieti, puri, poi Adamo ed Eva hanno mangiato il frutto proibito e tutto è andato a catafascio.

Che si apprezzi o meno questo mito cosmogonico cristiano, esso racconta una grande verità: nasciamo puri, innocui. Un bel giorno, però, proprio come Adamo ed Eva, facciamo qualcosa che non va ed ecco che scopriamo di aver sbagliato. Lo scopriamo perché qualcuno ce lo dice: «Hai sbagliato!», esattamente come fece quel signore con la barba che creò il mondo in sette giorni.

D'improvviso comincia a radicarsi in noi la convinzione che non siamo più così puri, si fa largo nella nostra mente la distinzione tra il bene e il male, plasmata in realtà da ciò che la società in cui veniamo al mondo reputa essere bene o male, e iniziamo a provare questo strano nodo allo stomaco, questo tormento mentale, questa autoflagellazione chiamata senso di colpa.

Immagina la tua anima come un foglio di carta. Quando nasci sei quello, un foglio bianco che non conosce altro che il bianco. Finché qualcuno ti rivolgerà quelle due pesantissime parole, «Hai sbagliato!», e facendolo disegnerà un puntino nero più o meno grande sul tuo foglio bianco. È quello l'istante in cui capisci che sei imperfetto, che il male esiste e che può far parte di te, può addirittura essere generato da te e spandersi a macchia d'olio.

Insomma, la colpa è un sentimento "socialmente indotto", che serve a farci comprendere quali siano i limiti da non oltrepassare, le regole da non infrangere, i confini entro cui rimanere per un armonioso quieto vivere nel rispetto di noi stessi e di chi ci sta attorno.

Eppure, proprio per l'immenso potere negativo che ha sulla nostra mente, non sempre adoperiamo il senso di colpa per nobili scopi come il quieto vivere, anzi, spessissimo lo utilizziamo come arma di manipolazione.

Se dovessimo descrivere il senso di colpa da manuale, lo potremmo definire come **la differenza tra quello che ho fatto e quello che avrei dovuto fare, o quello che desidero e quello che è accettabile desiderare**. Già a partire da questo, sarebbe legittimo porsi alcune domande:

- Cosa è legittimo desiderare e fare?
- Chi stabilisce cosa dovrei fare o desiderare di fare?

Sono domande senza una risposta oggettiva e univoca, perché, sebbene si possa pensare che sia la società in cui viviamo a dettare le regole, ognuno di noi ha la propria *forma mentis* morale. Più è alta la nostra asticella etica, più ci sentiamo in colpa quando infrangiamo le regole. E non c'è nulla di male in questo, basta avere giudizi equilibrati e non troppo severi verso noi stessi per governare il senso di colpa a fronte di un errore. Il problema nella gestione della colpa nasce quando la nostra autostima è molto legata al giudizio altrui: in questi casi corriamo il rischio di sentirci in colpa di fronte a ogni accusa che ci viene rivolta, persino la più infondata. «Se questa persona dice che ho sbagliato, certamente l'ho fatto. Sono un fallimento, una delusione.»

Ed eccolo qui, il senso di colpa come arma per i tuoi detrattori: mostrarti vulnerabile al giudizio altrui significa consegnare agli altri un potenziale coltello dalla parte del manico. Questo, però, non puoi proprio permettertelo.

Vivere costantemente in colpa, sentirsi sempre sbagliati, eternamente inadeguati, è una condanna all'insoddisfazione e alla frustrazione. Il senso di colpa è un motore di negatività potentissimo, è il sentimento che più di frequente muove a gesti estremi come l'autolesionismo o il suicidio. Quando sperimentiamo la sensazione di aver compiuto errori irreparabili, di aver fatto del male in maniera indelebile, di non meritare perdono o redenzione, di non essere capaci di nulla di buono nella vita, siamo già caduti in un oblio che non prevede lucidità e ci impedisce di scorgere spiragli di luce che possano cambiare la nostra percezione di noi stessi. Molte volte, però, quel senso di inadeguatezza è solo un'opinione altrui che abbiamo introiettato, la voce esterna di un genitore, un partner, un fratello che ci dice che non siamo abbastanza e mai lo saremo.

L'essere umano vive alla costante ricerca della felicità,

siamo nati per questo: sperimentare, crescere, svilupparci, ambire a una versione sempre migliore di noi stessi. Quando nella nostra testa si fa spazio l'opposto, ovvero una visione deludente, fallimentare e scadente del nostro io, ecco che diventiamo estremamente vulnerabili.

Accrescere l'autostima non è un vezzo, non è qualcosa di accessorio e ornamentale, è un processo necessario da attraversare per non essere vulnerabili ai dardi avvelenati di chi vuole sminuirci fino a farci dubitare di noi stessi, fino a farci crollare e indurci ad autosabotarci.

Sviluppare un rapporto sano con noi stessi è un processo essenziale da mettere in atto per essere liberi da colpe, sebbene non privi di morale. Nel corso dei secoli, più volte è stata propinata agli uomini una visione del mondo dicotomica, fatta di giusti e peccatori, di bianco e nero, di bene e male in termini assoluti. Ingoiare questa visione significa inevitabilmente finire col sentirsi sbagliati, inadatti, erronei. Se il mondo è bianco e nero, basta una minuscola macchia sul tuo foglio bianco a sporcare per sempre la tua "fedina penale", basta un errore e non sei più buono. E se non sei buono, devi essere cattivo. E se sei cattivo, devi provare colpa.

La vita è invece fatta di sfumature: non tutti gli errori hanno lo stesso peso, non tutte le macchie sono indelebili e, soprattutto, spesso la colpa non aiuta a diventare migliore, ma serve solo a etichettare negativamente.

Autosabotaggio

Spesso mentiamo a noi stessi. Lo facciamo perché la verità non ci piace o è faticosa da affrontare, lo facciamo perché vorremmo una scorciatoia, per mettere a tacere il grillo parlante che è dentro di noi e che saprebbe cosa è giusto fare. Questo accade, ad esempio, ogni volta che un ostacolo blocca il nostro cammino e raccontiamo a noi stessi che non possiamo proseguire oltre, che non c'è modo di aggirare o superare quello scoglio.

Tutte le volte che scegli di arrenderti, anche quando in fondo sai che con un po' di fatica potresti andare avanti, fai germogliare dentro te il senso di colpa. Questo instillerà lentamente in te la convinzione che non meriti il successo, che i tuoi desideri sono troppo grandi, che hai fatto il passo più lungo della gamba scegliendo di intraprendere un cammino che non puoi portare a termine. Il senso di colpa indotto da te stesso è il più grande veleno per la tua autostima, e tutte le volte che ti dai un obiettivo e non lo porti a termine, o peggio ancora nemmeno ci provi, ti convinci un po' di più di essere un incapace.

Potremmo definire questa dinamica "autorimprovero", una voce interiore che mette in discussione ogni azione che compi e ogni parola che pronunci, una voce difficile da silenziare che ti allontana dai tuoi obiettivi e vanifica i tuoi progressi, una voce che ti ripete in continuazione che ciò che fai non è abbastanza e mai lo sarà.

Puoi riconoscere facilmente questa voce, è l'eco che ti rimbomba in testa e che suona più o meno così:

- Perché ho iniziato questa cosa?
- Avrei dovuto restare a casa.
- Perché non sto zitto?
- Non posso farcela.
- Sarà troppo per me?
- Ho sbagliato a pensare di valere più di altri.

Se è vero che questi pensieri vivono in te, è altrettanto vero che solo tu puoi autorizzarne la permanenza nella tua mente. C'è davvero bisogno di ricordare a te stesso che non vali e che non raggiungerai mai i tuoi traguardi? Non bastano l'invidia e il disfattismo degli altri attorno a te?

Inoltre, l'autorimprovero non sempre è connesso a una svalutazione di noi stessi, ma può essere semplicemente una questione morale. Molti di noi, infatti, sono cresciuti seguendo regole e modelli di comportamento sbagliati, forgiati sulla colpa.

Dietro l'autocommiserazione c'è spesso un approccio educativo dannoso. Il senso di colpa è sperimentato da moltissimi bambini che, ad esempio, si sentono causa della separazione genitoriale, ma anche da chi ha subìto altissimi standard durante l'infanzia («Come mai hai preso 9 e non 10 all'interrogazione?») o ricatti etici («Mangia, i bambini in Africa muoiono di fame», il peso di un intero continente sulle spalle di un bimbo).

Con quanta leggerezza raccontiamo ai nostri figli i sacrifici che abbiamo fatto? «Per avere te, tua madre ha rinunciato agli studi. Cerca di darci soddisfazioni»: ecco la frase perfetta per piantare nel cervello di un essere umano il seme del senso di colpa. È il peccato originale: nascere. Nascendo, ci hai rovinato l'esistenza, ci sei costato rinunce. Ora va', buona vita.

La verità che nessuno ti dice è che, anche se fossi il migliore studente di tutti i tempi, ciò non ridarebbe indietro a tua madre gli anni in cui ti ha accudito anziché fare l'università. Se anche mangiassi anche la buccia di ogni frutto che hai nel piatto, non sfameresti il continente africano.

Il mantra del "non godere" che ci viene imposto sin dalla tenera età è qualcosa che ci portiamo dentro per sempre, fino ad arrivare a non beneficiare volutamente di tutte le esperienze fisiche ed emozionali che la vita ci dona. «Come posso essere felice se mia madre è sola, se mio fratello ha divorziato, se mia sorella non ha un lavoro?» Chi ha stabilito che ci si debba sentire in colpa per il fatto di avere una vita felice?

Nessuno dice di non fare il bene a favore degli altri, per carità, ma privarti di tutto non darà necessariamente quel tutto ad altri. Il tuo auto-castigo non salverà il mondo.

Ovviamente, non sono solo le parole a generare autocommiserazione. Il senso di colpa rischia di accompagnare per sempre chiunque si trovi a dover gestire situazioni a cui non dovrebbe essere esposto: un fratello maggiore costretto a fare da padre a quello minore, una ragazzina abusata, una donna che non riesce a portare a termine una gravidanza. Tutte queste persone, negli anni, tendenzialmente riferiscono di sentirsi in colpa perché, sebbene siano vittime degli eventi piuttosto che colpevoli, si percepiscono come degli incapaci, additandosi per non essere state in grado di affrontare questi fardelli.

È vero, tutti passiamo attraverso le sofferenze, grandi o piccole che siano, ma alcuni di noi non riescono ad andare oltre quelle esperienze negative così segnanti e si appiccicano in testa delle etichette che li identifichino, che siano in qualche modo un'avvertenza per gli altri: "Io sono un buono a nulla, io non merito niente".

Manipolare il senso di colpa

Le relazioni sociali, si sa, sono fatte di ruoli. Se il ruolo che ti autoassegni nella vita è quello del colpevole, probabilmente si avvicineranno a te molte persone inclini ad assumere il ruolo della vittima: guardati bene da questi individui.

Se ti fidi della persona sbagliata, questa inizierà facilmente a manipolare il tuo senso di colpa a suo favore attraverso una serie di strategie. La prima di queste strategie l'avrai certamente già sentita, potremmo chiamarla **«Guarda cosa mi hai fatto fare»**.

È il cavallo di battaglia di chiunque voglia deresponsabilizzarsi per una cattiva azione addossandola a te. La si può sentir pronunciare a un marito dopo aver picchiato la moglie, perché ovviamente non è lui che è un violento, ma sono state le parole della moglie a provocarlo.

La si può sentir dire a un genitore che frantuma un giocattolo in mille pezzi per punire una marachella del bambino. Per quel genitore, non si tratta affatto di una reazione eccessiva, la colpa è del bambino cattivo.

Inutile anche solo nominare le famose "gonne troppo corte", che secondo alcuni bastano come istigazione allo stupro.

Nulla di più falso, ovviamente. Tutti questi esempi sono solo goffi tentativi di addossare a qualcun altro le proprie colpe. Ognuno di noi è l'unico responsabile delle azioni che mette in atto, e ogni tentativo di mistificazione e deresponsabilizzazione è una tecnica manipolatoria. Più la tua autostima è strutturata, più potrai resistere a questi attacchi. Viceversa, una personalità fragile e incline all'autocommiserazione tenderà ad assumersi colpe che non le appartengono.

Il mio consiglio è di prendere le distanze da persone che ti dicono in maniera ricorrente:

- Mi fai sempre arrabbiare.
- Tiri fuori il peggio di me.
- Mi hai rovinato la giornata.

- Mi metti di malumore.
- Con te sono la brutta copia di me stesso.

Un secondo metodo di manipolazione potrebbe essere intitolato «**Ritenta, sarai più fortunato**». Proprio come certi fantomatici concorsi a premi, alcune relazioni sono un gioco a perdere. In questo tipo di rapporti, uno dei due fa tutti gli sforzi possibili e immaginabili per essere apprezzato, e l'altro si limita a risposte come: «Capisco che tu ci stia provando, ma non è sufficiente per me».

Il messaggio che questo tipo di manipolazione sottende è «Non ti dico apertamente che non sei abbastanza, ma sicuramente potresti essere molto meglio di così».

Mi duole svelarti un segreto: quella persona sa che non ti senti all'altezza e, qualsiasi cosa tu faccia, non ti dirà mai che è sufficiente per essere un suo pari.

Le persone che vogliono manipolarti attraverso il senso di colpa semplicemente predisporranno l'asticella in un punto così alto da non poter mai essere raggiunto, assicurandosi da un lato che tu non ti senta forte nella relazione, e dall'altro che continui comunque a sforzarti e a provare, nella vana speranza di una futura gratificazione.

Il terzo e ultimo messaggio manipolatorio suona così: «**Il mio dolore è più grande del tuo**». Hai presente quella persona da cui vai per chiedere un consiglio, una sorta di conforto affettivo e psicologico, e dopo cinque minuti che ci parli ti rendi conto di star facendo tu da psicoterapeuta a lei?

Questa forma di manipolazione si basa sullo sminuire i tuoi vissuti emotivi contrapponendo a essi qualcosa di più grave. Agisce con questo tipo di strategia chiunque ti ricordi che c'è comunque chi sta peggio, che non dovresti lamentarti perché in fondo in fondo non ne hai il diritto.

La colpa come ricatto

Se sei stato cresciuto da "colpevole", una delle convinzioni che ti sono state inculcate, purtroppo per te, è che le tue necessità non valgano quanto quelle altrui. Probabilmente arrivi persino ad anteporre le emozioni altrui alle tue, mettendo da parte il tuo sacrosanto diritto a essere te stesso, a piangere quando vuoi piangere, a ridere quando vuoi ridere, ad arrabbiarti quando vuoi arrabbiarti.

Non puoi immaginare quante volte ho sentito frasi come: «Non posso divorziare, non posso procurare questa delusione ai miei, darei loro un dolore immenso». A costo di risultare estremo, devo dirtelo: se qualcuno ripone la sua intera felicità nelle tue scelte di vita, quel qualcuno si sta comportando in modo estremamente egoista, perché ti sta obbligando alla perfezione. Ti sta implicitamente dicendo che non puoi commettere errori, perché se lo fai renderai tutti tristi! Eppure, dall'errore ci passerai per forza, prima o poi. Di scelte sbagliate ne facciamo tutti, quotidianamente. Senza accorgertene sei diventato vittima di un ricatto emotivo, e lo hai fatto il giorno in cui hai accettato che qualcuno ti dicesse: «La mia felicità dipende da te». **Quel giorno il tuo senso di colpa è diventato materiale da ricatto**.

Purtroppo, in qualsiasi famiglia c'è qualcuno che, volente o nolente, per sua indole o perché gli viene richiesto, porta il peso delle sofferenze altrui. È quella persona che a un funerale direbbe: «Non posso piangere, devo mostrarmi forte. Se gli altri mi vedono debole ci staranno ancor più male». Ecco un classico esempio di un'emozione repressa, un'esigenza schiacciata dal peso del potenziale senso di colpa, un lutto non elaborato che prima o poi, come un fantasma, tornerà a bussare alla porta.

«Devo mostrarmi forte» è un copione che hai imparato come un mantra, una dittatura che ti sei autoimposto perché sai che se sarai debole deluderai gli altri, e se deluderai gli altri ti sentirai in colpa.

DUE RUOLI PER UN COPIONE: VITTIMA E COLPEVOLE

Immagina ora una relazione di coppia, un ragazzo e una ragazza che stanno assieme: lui ha sempre portato il mondo sulle spalle, è stato il perno di una famiglia disastrata, si è trovato a fare le veci di un padre assente, ha fatto più lavori in contemporanea, fa fatica a relazionarsi con gli altri perché è incapace di dire di no. Magari è alla sua prima esperienza di coppia e sente di amare davvero la compagna, tanto che farebbe di tutto per vederla felice, a costo di annullarsi. Lei, sempre ipoteticamente, è una persona fragile emotivamente, non ha ancora raggiunto una realizzazione professionale, convive con grandi sbalzi umorali e magari è stata abituata in precedenti relazioni a essere il centro costante delle attenzioni dei suoi ex. Questo ragazzo, però, pur dedicandole tutto ciò che può, deve dividere il proprio tempo tra lei, la famiglia d'origine, il lavoro, gli amici.
Nessuna di queste due persone è perfetta, entrambi hanno limiti caratteriali, entrambi sono ingredienti di un mix potenzialmente esplosivo, quello tra il colpevole e la vittima. Ogni volta che lui non riuscirà a esserci per lei quanto vorrebbe, si sentirà colpevole. Ogni volta che lei si sentirà messa in secondo piano, si sentirà vittima. Magari, vedendosi trascurata, deciderà volutamente di non rispondere per un po' ai messaggi di lui, per ripicca, magari per semplice immaturità, sottostimando gli impegni di lui. Lui, però, quando ca-

pirà che lei si sta allontanando, non si sentirà mai "vittima" a sua volta, non colpevolizzerà lei per averlo trascurato, ma punterà il dito verso sé stesso, andando a confermare il proprio ruolo e sentendosi sempre più inadatto.
A questo punto lui cercherà di esser ancora più presente per lei, ma ciò vorrà dire trascurare qualcun altro, poiché la coperta è corta. Lei, vedendosi di nuovo al centro delle attenzioni di lui, sarà felice. Ma fino a quando? Non appena lui sposterà il focus sul lavoro o sulla famiglia, lei si sentirà ancora una volta trascurata, e tenterà di vendicarsi nuovamente con il silenzio punitivo, arma che già si era rivelata efficace in passato per riportarlo da lei.
E così il giochino ricomincia, almeno fino al momento in cui uno dei due non arriva allo sfinimento. Sia chiaro: sia lui sia lei potrebbero essere genuinamente innamorati e mettere comunque in atto queste dinamiche, a causa del copione che si sono autoimposti: la vittima e il colpevole.

Il Vittimista

Infine c'è il peggior scenario possibile, quello in cui un eterno colpevole incontra un vittimista, ovvero qualcuno che ha trasformato il fare la vittima in un lavoro a tempo pieno, qualcuno in grado di generare senso di colpa nell'altro e di far leva su questo sentimento per uscire trionfante da ogni discussione.

La capacità di generare senso di colpa è una delle armi manipolatorie più sopraffine, è una vera e propria arte, qualcosa che, nelle mani di persone senza scrupoli, può veramente essere una fonte di influenza infinita.

Eppure, tutto comincia sempre ingenuamente: i primi insegnanti di questa arte, nella maggior parte dei casi, sono i nostri genitori. Il senso di colpa viene instillato nel bambino sin dalla primissima infanzia per fargli capire dove ha sbagliato.

«Guarda come hai fatto stare la tua sorellina! Non vedi come piange per colpa tua?» In quell'istante, è vero, il bambino comprende che il suo comportamento ha fatto stare male qualcuno, e forse non lo metterà più in atto, ma apprende anche un'altra drammatica nozione: qualcuno ha appena usato uno stato d'animo altrui (la tristezza della sorellina) per suscitare uno stato d'animo in lui (la tristezza derivante dalla consapevolezza di aver creato sofferenza).

Quindi le emozioni sono un'arma: interessante. E se quest'arma è stata usata contro di me, perché non dovrei usarla a mia volta contro altri?

Se la mia sorellina ha avuto ragione solo perché era triste, allora forse anche io avrò ragione ogni volta che sono triste. *Essere vittima è decisamente meglio che essere colpevole*, penserà il bambino.

Ecco, è nato un vittimista. A questo punto, probabilmente, inizieranno i pianti capricciosi, perché il bambino sa che chi piange ha ragione. D'ora in avanti ogni pianto lunatico assecondato sarà concime per il suo pernicioso vittimismo.

L'unico modo che ha un genitore per estirpare questa erbaccia dall'animo del bambino è quello di punire i comportamenti vittimistici tanto quanto quelli colposi. Se ciò non accadrà, quel bambino inizierà a manipolare gli altri accentuando a ogni occasione la sua sofferenza, se non addirittura simulandola da zero.

Nei giorni in cui non vorrà andare a scuola simulerà un malore, nei giorni in cui non è preparato tenterà di suscitare compassione nell'insegnante pur di non essere interrogato, quando avrà una fidanzatina la manipolerà raccontando di non sentirsi abbastanza amato, di non sentirsi il centro della sua attenzione, e lentamente, la isolerà e condizionerà i suoi comportamenti.

Lei magari dirà: «No, ma che c'entra, sono io che ho deciso di abbandonare i social network, non mi ha chiesto lui di farlo. Molti ragazzi mi scrivevano in chat e lui ne soffriva: se posso farlo stare tranquillo, che c'è di male?».

E sarà sempre lei a smettere di andare a ballare per farlo stare tranquillo, sarà lei a smettere di frequentare quell'amica di cui lui non si fida per farlo stare tranquillo. Tutto sarà sempre, indiscutibilmente, una scelta di lei. Certo, perché il vittimista non dice mai apertamente «Non fare questo» o «Non fare quello», il vittimista semplicemente ti punisce con i suoi comportamenti ogni volta che fai qualcosa che a lui non va a genio. Se vai a ballare, magari non ti risponde ai messaggi per le successive ventiquattr'ore; se esci con quell'amica che non gli piace, lui per dispetto esce con la persona che tu detesti.

Il nesso tra causa ed effetto, ovviamente, verrà sempre

negato. Il vittimista non ammetterà mai che si comporta in questo modo per punirti, ogni forma di manipolazione è talmente sottile da poter essere prontamente negata. **È tutto nella tua testa**.

Riconoscere il vittimista

Parliamoci chiaro: talmente tante persone hanno compreso il meccanismo del vittimismo che ormai è complicato agire senza che nessuno si senta offeso. Siamo spesso circondati da individui che si considerano vittime della vita e degli eventi, il che potrebbe essere anche vero, ma non possiamo autorizzare queste persone a maneggiare a loro piacere la manopola del nostro senso di colpa.

Riconoscere i vittimisti è essenziale per mantenere relazioni sane ed evitare di essere trascinati nella loro spirale negativa e ricattatoria. Per farlo, in primis è necessario avere una *forma mentis* morale ben strutturata, essere consapevoli di cosa sia giusto e sbagliato dire, di quali sono, per i nostri standard, i confini da non superare quando ironizziamo, quando ci arrabbiamo, quando amiamo, quando interagiamo con l'altro a trecentosessanta gradi.

Se io ho una chiara idea di cosa sia corretto dire e fare, non metterò in discussione me stesso ogni volta che qualcuno punta il dito contro di me. Non diventerò automaticamente colpevole senza un processo.

L'altro fattore protettivo, non ci sarebbe bisogno di dirlo, riguarda la capacità di riconoscere i vittimisti di professione e prenderne le distanze. Ecco le caratteristiche principali delle persone che tendono ad avere un atteggiamento vittimista:

- MANCANO DI RESPONSABILITÀ PERSONALE. Uno dei segni distintivi di un vittimista è la mancanza di responsabilità personale. Queste persone, anziché assumersi la responsabilità delle proprie azioni e decisioni, cercano costantemente di incolpare gli altri o le circostanze per ciò che accade loro. Ad esempio, potrebbero dire: «Ho fallito perché nessuno mi ha mai dato una reale opportunità», invece di ammettere che non hanno svolto le azioni necessarie per raggiungere il successo.
- HANNO UNA MENTALITÀ NEGATIVA. I vittimisti tendono ad avere una mentalità negativa. Vedono unicamente gli aspetti sfavorevoli delle situazioni e si concentrano solo sugli ostacoli che incontrano lungo il cammino. Questa mentalità negativa può essere contagiosa e influire sull'umore delle persone che li circondano.
- DIPENDONO DAL SOSTEGNO ALTRUI. I vittimisti necessitano costantemente di conferme, di sostegno ed empatia, attraverso diverse modalità: ricercano l'attenzione degli altri, si lamentano senza sosta delle loro sfortune o cercano di attirare compassione manipolando le situazioni. Di solito queste persone non vogliono reali soluzioni ai loro problemi, ma sono solamente alla ricerca di conforto.
- SONO CRITICI NEI CONFRONTI DEGLI ALTRI. Un altro segno distintivo di un vittimista è la tendenza a criticare. Questi individui notano gli errori delle altre persone molto più dei propri e non esitano mai a far presente quanto un comportamento altrui li abbia feriti. Tale tendenza altro non è che un modo per scaricare le proprie frustrazioni su coloro che li circondano e ottenere attenzioni.

- SONO RESISTENTI AL CAMBIAMENTO. I vittimisti sono poco avvezzi a cambiare. Si aggrappano alle proprie convinzioni anche se queste non portano benefici o felicità. Potrebbero giustificare questa resistenza asserendo che il cambiamento sia difficile o che le circostanze non lo permettano, invece di affrontare le paure e cercare di migliorare le proprie condizioni di vita.
- NON PROVANO PARTICOLARE GRATITUDINE. La mancanza di gratitudine è una caratteristica idiosincratica dei vittimisti. Non riescono ad apprezzare quello che hanno o a essere felici per le piccole cose, poiché la sensazione di aver subìto dei torti prevale sempre. Questo atteggiamento li mantiene intrappolati nello stato mentale di vittima.

Osservando queste caratteristiche, forse puoi già iniziare a identificare un vittimista nelle tue relazioni e nella tua vita quotidiana.

Se stai pensando di poter cambiare un vittimista, sappi che stai andando incontro a una missione complessa, se non impossibile. Queste persone sono da tempo abituate a un determinato modo di leggere la realtà e i comportamenti altrui, e di conseguenza hanno strutturato il proprio pensare e il proprio vivere. Dunque è bene che tu sappia che, anche se agisci con le migliori intenzioni, c'è sempre il rischio di essere visto come un carnefice.

Tuttavia, comprendere e riconoscere questi comportamenti può essere un passo importante per proteggere te stesso, evitandoti di essere coinvolto nella loro mentalità negativa e nella loro costante ricerca di conforto.

Quando il manipolatore sei tu

Spesso diamo per scontato che un manipolatore sia cosciente del male che fa, delle tecniche che utilizza, delle trappole che tende ai suoi interlocutori. Non è sempre così.

A volte chi usa il vittimismo in modo manipolatorio lo fa semplicemente perché ha appreso questa modalità relazionale, l'ha reputata funzionale all'ottenimento dei suoi scopi e l'ha replicata, senza stare troppo a pensarci su.

Se ritieni di avere usato il vittimismo a tuo favore e vuoi cambiare questo atteggiamento, la chiave è riconoscere che interpretare la parte della vittima può darti benefici immediati, come attenzioni o compassione, ma a lungo andare mina i rapporti con le persone amate e alimenta una visione di sé negativa.

Ripensa a tutte le situazioni in cui ti è venuto naturale lamentarti di un problema o raccontare un'ingiustizia subita sperando che gli altri ti compatissero; alle volte in cui non sei riuscito a trattenere le critiche verso gli altri, quasi temendo di far dimenticare che tu, in ogni caso, sei la persona che sta peggio.

Forse lo hai fatto senza malizia apparente, ma a poco a poco questa abitudine potrebbe essere diventata per te un riflesso, un *modus operandi* consolidato che, però, rischia di allontanare chi ti sta intorno.

Quando senti la tentazione di "fare la vittima", fermati un attimo e analizza i tuoi pensieri. La chiave sta proprio nel passare dal «Perché a me?» al «Come posso migliorare la situazione?», dal «Non è giusto» al «Devo affrontarlo»: insomma, comincia a condividere con gli altri non per farli sentire in dovere di aiutarti o venirti incontro, ma per mostrare il tuo impegno verso una soluzione.

Mettiamo, ad esempio, che al lavoro ti venga mossa una critica sul tuo operato, o peggio ancora ti venga affidata una mansione che non ti compete e che non gradisci. Piuttosto che usare il vittimismo come leva per ottenere comprensione da parte degli altri, prova a confrontarti con i tuoi colleghi in maniera diversa: «Sto cercando di trovare un modo per risolvere questa cosa che mi è piovuta addosso inaspettatamente, hai qualche suggerimento?». Queste parole comunicano che, sì, hai un problema, e che magari questo problema effettivamente deriva da fonti esterne, ma che ti stai assumendo comunque la responsabilità di gestirlo. La maggior parte delle persone rispettano e supportano chi riconosce le proprie difficoltà senza necessariamente cercare una mano tesa per farsi "salvare".

Un altro fattore che può aiutare è cambiare il tuo linguaggio interno. Ogni volta che senti il bisogno di lamentarti, prova a fare un esercizio mentale: anziché pensare «Che ingiustizia» o «Sono sempre io a dover soffrire», cerca di focalizzarti su pensieri che includano una visione più ampia e meno drammatica della realtà; anziché cercare di espiare il tuo malessere attraverso il senso di colpa che susciti negli altri, cerca di modificare la percezione che hai di te in quel momento – da vittima, condannata sempre e comunque alla sofferenza, a persona che ha il potere di agire, di modificare e migliorare la propria condizione.

Esempio: vivi un lutto in famiglia, ma uno dei tuoi più cari amici non ti scrive né si presenta al funerale. Il tuo primo pensiero, probabilmente, sarà mettere in discussione la lealtà del tuo amico. Magari, quando vedrai questo amico, farai anche una battutina sarcastica o velenosa per sottolineare come tu sia l'ultimo dei suoi pensieri, con la speranza che lui cambi atteggiamento nei tuoi confronti e ti consideri di più.

Prima di arrivare a questa conclusione, che, per carità, potrà anche rivelarsi corretta, perché non provi a metterti in discussione? Chiediti se puoi aver fatto qualcosa di sbagliato, o rifletti sul fatto che magari al tuo amico possa semplicemente essere sfuggito di mente di mandarti un messaggio, o che non sia venuto a sapere del lutto. Questo ti aiuta a non ricadere nell'atteggiamento manipolatorio del vittimismo e, a lungo andare, ad agire in modo più costruttivo.

In sostanza, prendi coscienza del fatto che puoi ottenere comprensione e aiuto da parte degli altri senza ricorrere a stratagemmi manipolatori. Prova a chiedere supporto o ascolto in modo schietto e sincero. Ti garantisco che un approccio estremamente diretto e trasparente è ben più efficace del vittimismo e ti permette di ricevere appoggio senza la necessità di circuire o impietosire gli altri. Che, per inciso, presto o tardi capiranno i tuoi giochini e si allontaneranno da te.

Spezzare il copione

Per affrontare colpevoli e vittime è indispensabile comprendere le dinamiche in gioco in ogni situazione, capire se si sta subendo una qualche forma di manipolazione, se qualcuno sta implicitamente tentando di assegnarci uno dei due ruoli o se si è finiti in un loop all'interno del quale ci si rinfaccia sempre le stesse colpe. Ecco allora un elenco di strategie utili a orientarti per non soccombere al gioco delle parti:

- IDENTIFICA I RUOLI RICORRENTI. Se nel rapporto tra te e un altro noti una costante alternanza di ruoli, in cui uno è puntualmente il carnefice e l'altro la vittima, osserva con attenzione i pattern che si ripetono per capire chi manipola chi. Ovviamente, può anche darsi che nessuno stia manipolando nessuno, ma semplicemente si siano verificate situazioni ricorrenti che hanno fatto sì che tu e l'altra persona vi identificaste in questi ruoli e vi etichettaste definitivamente come vittima e/o colpevole. Per spezzare questo circolo vizioso basta farlo notare, dicendo: «Ultimamente mi sembra di avere questo tipo di ruolo nella relazione con te e non mi sta più bene, vorrei che uscissimo da questo schema in cui io sono sempre X e tu Y».

- EVITA LA TRAPPOLA DEL "SALVATORE". Non ti immolare nel tentativo di far cambiare ruolo a qualcuno, o finirai nella classica situazione da crocerossina che distrugge il proprio benessere mentale nel tentativo di alleviare le pene altrui. Alcune persone stanno molto bene nella parte che si sono scelti, nel copione che hanno deciso di recitare. Nonostante ciò, spesso cerchiamo di "aggiustare" un colpevole facendolo sentire meno in colpa o andando a cercare del buono in lui anche laddove non c'è; in altri casi, compatendola, finiamo per appoggiare una vittima. Il tuo supporto deve avere dei limiti, non deve diventare sacrificio.
- RIFIUTA DI ESSERE IL BERSAGLIO EMOTIVO. Se ti vengono rivolte frasi come «Mi hai rovinato la giornata» e tu sai di non avere colpe a riguardo, non giustificarti o scusarti inutilmente. Puoi rispondere con: «Mi dispiace che tu ti senta in questo modo, ma non credo sia dipeso interamente da me».
- BLOCCA IL GIOCO DEL RICATTO. Non lasciare che accuse esagerate o infondate influenzino il tuo comportamento. Valuta i fatti oggettivamente e decidi razionalmente come rispondere. Quando cercano di tra-

sferirti la responsabilità delle loro azioni (il più classico dei «guarda cosa mi hai fatto fare»), rispondi con fermezza: «Capisco che tu ti senta così, ma ognuno è responsabile delle proprie azioni».

- NON FARTI COINVOLGERE NEL GIOCO CAUSA-EFFETTO. Non reagire a punizioni silenziose o ritorsioni emotive. Mantieni un comportamento neutrale e coerente, evitando di alimentare certe dinamiche, specie se ripetitive. A volte anche a te può far comodo recitare una determinata parte all'interno della discussione. Ma se poi agli occhi degli altri diventassi quel personaggio per sempre? Sarebbe davvero conveniente?
- RICONOSCI LA RESISTENZA AL CAMBIAMENTO. Se una persona che fa la vittima (o che vive con un senso di colpa costante) rifiuta ogni proposta di aiuto o continua a lamentarsi senza agire, fai notare gentilmente ma con chiarezza il suo atteggiamento. Puoi dire, per esempio: «Ne abbiamo parlato tante volte e ti ho suggerito alcune opzioni, ma mi sembra che tu non voglia davvero cambiare la situazione».
- INCORAGGIA L'AUTONOMIA. Sostituisci il tuo aiuto diretto con un supporto che favorisca l'indipendenza dell'altro. Ad esempio: «Posso ascoltarti e cercare di aiutarti, nel mio piccolo, ma devi essere tu a prendere l'iniziativa per cambiare la percezione che hai di te stesso/a».
- CHIARISCI LE RECIPROCHE RESPONSABILITÀ. Se leggendo questo capitolo ti sei reso conto di essere coinvolto in una relazione con queste dinamiche, siediti e discutine apertamente con la persona interessata, specificando cosa pensi ti competa e cosa no, cosa pensi di aver sbagliato e cosa no. Un esercizio utile è quello di smontare le convinzioni di ruolo, facendo chiari esempi di eventi

realmente avvenuti, nei quali la vittima non si è comportata da vittima (ma magari è stata anche carnefice) e viceversa.

- DECIDI QUANDO È IL MOMENTO DI DIRE BASTA. Se la relazione diventa insostenibile o distruttiva per te, scegli di allontanarti. Alcuni dei nostri "copioni", specie quelli di coppia, possono diventare incredibilmente radicati nel corso del tempo, con il ripetersi di discussioni e recriminazioni sempre uguali. Ricorda: la tua salute mentale deve essere la priorità.

L'Egotista

Il centro del mondo

Stando alla percezione generale, il mondo è letteralmente invaso da narcisisti patologici, un esercito letale che cresce sempre più e si espande a macchia d'olio. Se ci affidiamo ai manuali diagnostici, però, scopriamo che le stime di disturbo narcisistico della personalità parlano di percentuali che si aggirano attorno all'1 per cento della popolazione, mentre si attestano tra il 2 e il 16 per cento se si considera solo la popolazione clinica.

Cosa stiamo sbagliando, dunque? Cosa ci sfugge? C'è una sottodiagnosi, un'epidemia silenziosa che i medici e gli psicologi non sono in grado di rilevare? O forse, più semplicemente, stiamo abusando del termine "narcisista"?

Il nome che ho deciso di dare a questo capitolo credo sia già un'indicazione rispetto al mio pensiero a riguardo. **La parola "narcisista" sta creando uno stigma sociale su chiunque metta in atto intorno a noi comportamenti egoistici o poco empatici**. Anche se è plausibile che molte delle persone attorno a noi siano carenti in empatia e sensibilità, etichettare chi ferisce i nostri sentimenti come narcisista è ormai una vera e propria moda.

Ecco perché, nel trattare l'argomento, sarà utile soffermarci su cosa sia un narcisista patologico, così da poter assolvere chi non lo è. Tuttavia, lo scopo di questo capitolo, come anche degli altri, è quello di prendere in analisi una serie di comportamenti presenti in tutti noi, che possono creare dei pattern caratteriali non necessariamente da manuale diagnostico.

Egotista è un termine a mio avviso perfetto per il nostro obiettivo, poiché identifica chiunque abbia una considerazione esagerata di sé. Deriva da "egotismo", che viene dall'inglese *egotism*, parola coniata nel 1714 dal giornalista Joseph Addison per descrivere gli scrittori che usavano troppo spesso il pronome "io" nei loro scritti, come a voler porre al centro sé stessi anziché la loro opera narrativa.

L'egotista, insomma, è chi pensa solo a sé stesso in ogni situazione. Supera di gran lunga il semplice egoista (senza la prima t) perché, mentre l'egoismo emerge nella ricerca del proprio vantaggio e nel pensare per sé prima che per gli altri, l'egotismo si basa su una più ampia e distorta considerazione di sé a trecentosessanta gradi.

L'egotista crede di possedere la conoscenza assoluta e, se potesse, imporrebbe al mondo il suo stile di vita e le sue credenze. Si compiace costantemente di sé stesso e di quanto si ritenga migliore degli altri.

Il peccato dell'egotista è, insomma, un eccesso di fiducia nelle proprie qualità, in ciò che fa, in ciò che dice, nelle decisioni che prende. L'egotista si ritiene un essere infallibile dotato di massima capacità di discernimento: tutto ciò che fa è perfetto, lui stesso è perfetto, e guai a chi osa contraddirlo.

Quasi tutti noi siamo passati attraverso momenti di autocompiacimento, momenti in cui le cose andavano bene, le nostre scelte erano fruttuose e, per un attimo, ci siamo sentiti bravi, bravissimi, quasi infallibili. Ecco: l'egotista è capace di perpetuare questa sensazione e applicarla a ogni ambito e periodo della sua vita. Mentre alla maggior parte di noi, per gonfiare l'ego, serve il raggiungimento di un traguardo straordinario, l'egotista sente di avere sempre il vento in poppa, senza rendersi conto di essere lui stesso a soffiare sulle vele della propria tracotanza.

L'egotista non dubita di poter fare le cose in maniera migliore, non si chiede mai come può crescere o evolversi, non ha dubbi circa le sue azioni e non perde troppo tempo ad analizzare ciò che fa. Rappresenta un po' l'antitesi del perfezionismo: a prescindere dallo sforzo profuso, il suo lavoro è certamente il migliore possibile.

Forse a questo punto ti starai chiedendo se hai un ego sano o meno. La risposta puoi averla ponendoti un'ulteriore domanda: **il tuo ego soverchia quello altrui?** Se tendi a calpestare ciò che gli altri pensano, dicono o fanno, probabilmente il tuo ego è un po' fuori controllo e avrebbe necessità di rimettersi in contatto col mondo reale.

In questo senso, il concetto di egotismo si lega molto anche a quello di orgoglio: ritenere che io sia sempre nel giusto e l'altro sempre nel torto può rendermi restio a riconciliarmi, a mandare un messaggio di pace a un amico con cui ho litigato, o un mazzo di rose a mia moglie dopo una discussione. Questo ha come conseguenza, *ça va sans dire*, l'isolamento.

Le persone egotiste sono spesso sole, e credono di esserlo per loro scelta, perché nessuno è alla loro altezza. Tuttavia, la verità è un'altra: a nessuno piacciono le relazioni unilaterali, e stare con un egotista significa vivere nella relazione più sbilanciata che possa esistere, significa dover sempre fare il primo passo, doversi sempre scusare, dover sempre mettere da parte le proprie idee e i propri bisogni, o anche semplicemente le proprie opinioni sulla vita e sul mondo.

Fosse per lui, l'egotista avrebbe già rivoluzionato l'universo, risolto i problemi di inquinamento, la fame nel mondo, il cambiamento climatico, la povertà, la disuguaglianza. Purtroppo, però, ci sono tutti questi altri esseri umani sul pianeta Terra inferiori a lui, che pensano male e agiscono peggio.

L'egotista non sa cosa sia la collaborazione: pensa che se ci fossero undici suoi cloni, al mondo, potrebbe sfidare la squadra più forte della storia del calcio e vincere in scioltezza. Egli è tutto, abile in ogni sport e in ogni mansione, è colui che saprebbe fare qualsiasi cosa e la saprebbe fare al meglio.

Sia chiaro: la fiducia nei propri mezzi è qualcosa di straordinariamente prezioso che può condurci a grandi imprese, ma va comunque conciliata con una visione empirica e razionale della realtà dei fatti – cosa che l'egotista, totalmente astratto da ciò che è tangibile, non riesce ad avere.

QUANDO L'EGOTISTA DIVENTA NARCISISTA

L'inflazionatissimo termine "narcisista" deriva da Narciso, personaggio della mitologia greca narrato da Ovidio nelle *Metamorfosi*. Nel racconto, Narciso, figlio della ninfa Liriope e del dio Cefiso, è decantato per la sua bellezza. In virtù di quest'ultima, però, egli rifiuta qualsiasi pretendente e perciò viene punito dagli dèi per la sua superbia.

Specchiandosi in un lago, infatti, si innamora della sua stessa immagine e muore annegato nel tentativo di raggiungerla.
La storia di Narciso è stata nel corso dei secoli riutilizzata in varie discipline – non solo la letteratura, ma anche l'arte visiva, la filosofia, la botanica –, fino a trovare la sua consacrazione assoluta nell'ambito psicologico.
Quando il bisogno di un individuo di avere una buona immagine di sé si estremizza e porta a conseguenze negative, ecco che parliamo di un vero e proprio disturbo della personalità.
Approfitto di questo capitolo, in cui capiremo come cogliere la sfumatura tra un "semplice" egotista e un narcisista patologico, per dare delle linee guida generali che possano far quantomeno intuire la differenza tra i comportamenti a rischio e i veri e propri disturbi psicologici.
In generale, quando hai bisogno di tracciare questa distinzione, puoi seguire la regola delle 3 P: patologico, persistente e pervasivo. Vediamole nello specifico.

PATOLOGICO

Un comportamento è patologico laddove determini disagio e malessere per la persona che lo mette in atto e/o per chi le gravita attorno. Ad esempio, nel caso di un disturbo ossessivo compulsivo, ossessioni e compulsioni causano una sofferenza a chi è affetto da questa patologia. Per la smania di lavarmi le mani troppo frequentemente potrei iniziare a corrodere la mia pelle, per la smania di controllare tre volte se ho chiuso l'auto potrei arrivare in ritardo a un appuntamento. In entrambe le situazioni è presente un danno oggettivo e palese. Per farla breve, comportamenti del genere vanno a discapito del normale svolgimento di una vita umana. In altri casi, il danno può essere meno evidente e quindi più complesso da rilevare: ad esempio, tornando al caso del narcisista, il suo senso grandioso di sé potrebbe portarlo a sottovalutare una minaccia, che si tratti di un match di pugilato o un esame universitario, oppure ancora la sua scarsa empatia potrebbe andare a discapito del benessere dei suoi amici e familiari.

PERSISTENTE

Tolta l'età infantile, durante la quale la nostra personalità sta ancora formandosi, per parlare di disturbi di personalità è necessario riscontrare i comportamenti sintomatici sempre, con costanza nel tempo. Se ho comportamenti socialmente evitanti, solo se queste sintomatologie si mostrano con costanza nel tempo a partire dall'ingresso nell'età adulta mi verrà riconosciuta una personalità di tipo evitante. Stesso dicasi per un narcisista. Una persona scostante, che oggi mi vuole bene e domani no, che oggi è empatica e domani no, che oggi ha alta autostima e domani si sente con le ruote a terra, certamente non è un narcisista, poiché non c'è persistenza nei pattern di comportamento.

PERVASIVO

Da ultimo, affinché un comportamento sia rilevante da un punto di vista diagnostico è necessario che questo coinvolga diverse aree: sociale, amicale, familiare, relazionale, ecc. Se ho un comportamento dipendente con la mia ragazza, ma a scuola e con gli amici sono sicuro e intraprendente, è altamente improbabile che io abbia una personalità dipendente. Ciò che è accaduto è che si è creata una dinamica di dipendenza in quel singolo rapporto. Allo stesso modo, il narcisista patologico deve mostrare determinati comportamenti in vari contesti affinché possa essere definito tale.

Ora che abbiamo chiari questi criteri, distinguere un egotista da un narcisista patologico dovrebbe essere più semplice. Se determinati comportamenti sono oggettivamente dannosi, sono presenti con costanza nel tempo e lo sono in tutti i contesti, allora probabilmente si tratta di un narcisista.

Con la premessa che una reale valutazione diagnostica può essere fatta solo da un professionista con l'uso degli strumenti appropriati, andiamo a vedere quali sono i sintomi tenuti in considerazione per un disturbo narcisistico di personalità.

Anzitutto il narcisista possiede, come già anticipato, un senso grandioso di sé. Oltre a questo, ha frequentemente la mente occupata da fantasie di successo illimitato, potere, gloria, bellezza o amore ideale, tutte cose che certamente otterrà, se non le possiede già, almeno secondo le sue convinzioni.

Il narcisista crede inoltre di essere speciale e unico. Ritiene di poter essere compreso solamente da individui altrettanto speciali, che spesso identifica in persone dallo status sociale elevato.

Un'altra componente nucleare è il bisogno di ammirazione eccessiva e costante. Il narcisista si aspetta di essere sempre trattato in modo speciale, con rispetto, favori e riverenza.

Un individuo con personalità narcisistica tende a sfruttare le altre persone per raggiungere i propri obiettivi, senza curarsi di arrecar loro danno. Il che ci porta all'ennesima caratteristica centrale: il deficit di empatia. Il narcisista fatica a riconoscere o identificare i sentimenti e i bisogni altrui.

Inoltre, il narcisista è spesso invidioso degli altri (o crede che gli altri siano invidiosi di lui) e si mostra arrogante nei loro confronti. Queste ultime due caratteristiche, in particolare, sono utilissime a spiegare un concetto davvero importante: il narcisista non è *solo* una cosa. Non è solo un arrogante, non è solo un invidioso, non è solo un egotista, ma racchiude molteplici caratteristiche negative, ed è proprio questo a renderlo una persona temibile.

Ciò che distingue il narcisista, insomma, è un mix letale di tratti socialmente poco desiderabili, che portano gli altri ad allontanarsi (o a farsi raggirare) da lui.

Infine, è importante sottolineare la differenza tra il narcisismo *overt*, ovvero quello facilmente identificabile e diagnosticabile, in cui l'individuo si presenta come arrogante e dominatore, centrato su sé stesso e poco sensibile ai bisogni degli altri, e il narcisismo *covert*, ovvero quello nascosto a un occhio poco attento.

Detto anche "sottotipo vulnerabile", questo secondo tipo di narcisista si caratterizza invece per un'apparente vulnerabilità. Chi ne soffre si mostra fragile, inibito, sofferente, ipersensibile e suscettibile alla valutazione degli altri. Nelle relazioni sociali potrebbe risultare timido e introverso, ma rimane in realtà una persona eccessivamente orientata su di sé che coltiva, sottotraccia, le stesse identiche idee di superiorità incontrastabile.

Per tirare le fila, il narcisista non è altro che un egotista al quale si aggiungono altre delle caratteristiche "tossiche" elencate nei capitoli di questo libro.

Se una persona ti sembra eccessivamente egoriferita, non dare per scontato che sia un narcisista. Come detto inizialmente, le probabilità che tu abbia ragione si aggirano attorno all'1 per cento.

Pro e contro di un ego smisurato

Parliamoci chiaro: **la disregolazione dell'autostima è forse uno dei mali più comuni del XXI secolo**. In eccesso, in difetto o in costante oscillazione tra i due poli, il nostro ego rischia di vivere in balia di schizofrenici rinforzi e punizioni.

Oggi più che mai l'immagine di molti tra noi è iper-esposta, il che ci sottopone a un costante giudizio esterno che tendiamo a interiorizzare. Se da un lato c'è chi vive male l'assenza di conferme esterne, siano esse provenienti dal web o dalla vita vera, dall'altro c'è chi riesce a nutrirsi dei feedback positivi, ignorando quelli negativi. È il caso dell'egotista, il quale ritiene che ogni critica che gli viene fatta sia mossa solo e soltanto dall'invidia altrui.

Se l'egotista ha un pregio, è indubbiamente l'autoprotezione. L'egotismo può aiutare le persone a difendere i propri interessi a spada tratta e a non fidarsi facilmente degli altri, il che può effettivamente evitare determinate fregature o delusioni. Questo tratto può essere particolarmente utile in situazioni in cui l'ambiente è competitivo o ostile.

Dal momento che non sentono di potersi fidare né affidare, gli individui egotisti spesso si danno molto da fare per ottenere ciò che vogliono, guidati dal proprio interesse personale e dalla gratificazione individuale.

La sicurezza che l'egotista ostenta, mista all'ambizione e alla capacità di andare oltre le critiche, può avere risvolti positivi. Infatti, questo suo modo di fare lo rende inevitabilmente un elemento valido in determinati contesti lavorativi, specie quelli in cui vengono premiati l'arrivismo e l'individualismo.

Le persone egotiste riescono, insomma, a scalare le gerarchie più velocemente della media, guidate dalla voglia di dimostrare il loro valore. Parliamo di individui maestri nel lavoro autonomo e nel costruire il proprio successo da zero, poiché fanno affidamento solo su loro stessi. Essi tendono a essere indipendenti e autosufficienti, non contano su nessun altro per soddisfare i propri bisogni e desideri. Ciò può favorire un senso di autonomia e libertà personale superiore alla media.

Questo stesso concetto, estremizzato, li porta però a non riconoscere valore agli altri – colleghi, amici, collaboratori, capi – e di conseguenza a rifiutare ogni forma di supporto. L'egotista ha sé stesso come unico guru e preferisce fallire da solo piuttosto che raggiungere il successo mediante un aiuto esterno. Non ha grandi capacità di delega perché l'idea di affidare il suo destino in mano agli altri, perfino quando si tratta di piccolezze, lo terrorizza.

Dunque, spesso ti capiterà di notare la presenza dell'egotismo in persone particolarmente di successo, persone contorniate da ammiratori e presunti amici. Il lato oscuro di questo tratto di personalità, però, è un abisso di solitudine. La verità è che nessuno vuole stare accanto a un egotista se non per secondi fini, per assorbire un po' della sua luce riflessa.

Perciò, nonostante l'egotista possa sembrare costantemente attorniato da una cerchia di ammiratori, la realtà è che la sua natura egoistica spesso lo lascia isolato. La mancanza di empatia e la tendenza a sfruttare gli altri per il proprio vantaggio alienano anche coloro che si pongono come potenziali alleati. L'egotista, intrappolato nel suo mondo auto-centrato, si ritrova ad affrontare una solitudine paradossale, circondato da una folla di persone che non lo comprendono veramente.

L'egotismo eccessivo porta sistematicamente a un deterioramento della vita sociale, poiché gli egotisti tendono a perseguire il proprio interesse a discapito degli altri e della comunità nel complesso. **Solo un autolesionista si legherebbe a un egotista**.

E qui entriamo in una di quelle dinamiche psicologiche più discusse: il legame tra un narcisista (in questo caso, come abbiamo imparato a distinguere, l'egotista) e un dipendente.

Immaginiamo che una coppia si stia formando: da un lato abbiamo un ragazzo all'apparenza estremamente sicuro di sé, a tratti spavaldo, che ha acquisito serenità economica mediante il successo lavorativo, costantemente circondato da persone che dicono di stimarlo, che lo emulano o almeno tentano di farlo. Magari questo ragazzo si avvicina ai trent'anni, è quindi all'acme del suo vigore fisico, lavorativo e sessuale. E possiede ovviamente tutto il fascino artificiale dell'egotista.

Dall'altra parte abbiamo una ragazza, tendenzialmente di qualche anno più giovane di lui, magari quindi ancora alle prese con le insicurezze universitarie o che si sta districando nel complesso labirinto dei primi approcci lavorativi. Caratterialmente introversa, ha l'autostima a pezzi perché è stata lasciata da poco a seguito di una relazione molto lunga con l'unico partner che abbia mai avuto, e con il quale aveva un rapporto di strettissima complicità. Ferita e triste, tenta di rimettersi in gioco, anche perché non era abituata al rifiuto dal punto di vista sentimentale e non sopporta l'idea di restare sola.

Attenzione: non parliamo di una persona con un vero e proprio disturbo dipendente della personalità, ma solo di una donna che vive un momento di fragilità e alla quale sembra una cosa buona avere un nuovo punto di riferimento, un partner che trasmetta solidità e sicurezza.

L'incastro, almeno inizialmente, è perfetto. Con la presenza di questa ragazza nella sua vita l'egotista si sente ancor più importante. Consolarla, trattarla bene, farle da mentore nelle scelte cruciali che dovrà compiere gli fa vivere ancor più intensamente il proprio senso di grandiosità. Inoltre, la presenza di una partner allevia gli effetti dell'erosione sociale di cui parlavamo prima: questa persona sembra voler stare con lui realmente, e non per secondi fini lavorativi o lucrativi!

Lei, d'altro canto, anche grazie a lui supera il momento difficile, va avanti, cresce in autostima, compie scelte coraggiose che daranno frutti sotto tanti punti di vista. E che conseguenze ci saranno quando questo accadrà? Semplice, nel loro rapporto finirà la magia.

Lei inizierà a prendersi i suoi spazi, non sarà più dipendente da lui, e anzi la presenza del partner in tutti i contesti comincerà a starle stretta.

Lui, d'altro canto, si indispettirà. Avrà l'impressione che la partner stia alzando la cresta senza motivo, sentirà di non esercitare più influenza (e quindi controllo) su di lei. L'evoluzione della sua compagna diverrà una vera e propria minaccia.

In alcuni casi estremi, questo può condurre al sospetto di un tradimento, alla possessività, alla violenza, tutte cose che, se subite da una persona "sana" e non più dipendente, contribuiscono ad alimentare la necessità di fuga.

Finché resta dipendente, il/la partner dell'egotista non vive per nulla male gli spigoli caratteriali dell'altro. Ma quando le cose cambiano, gli effetti negativi possono arrivare tutti in una volta, in un travolgente effetto valanga.

Questo piccolo esempio ci consente di giungere al più grande limite di una personalità egoriferita: l'incapacità di creare legami affettivi stabili e duraturi, basati sull'amore reciproco.

Come abbiamo ormai detto e stradetto, gli individui egoisti tendono a mettere i propri bisogni e desideri al di sopra di quelli degli altri. E nel momento in cui la persona che sta con l'egotista non soddisfa più il bisogno di nutrire il suo ego con un rapporto più simile a quello tra maestro e discepolo che a una relazione tra pari, ecco che salta il banco.

L'egotista non sa amare, non più di quanto ami sé stesso. E se non servi a ricordargli quanto sia bello e bravo, allora non servi e basta.

Gestire un egotista

Sebbene l'egotismo sia una caratteristica che dovrebbe saltare all'occhio in maniera abbastanza immediata, diventa sempre più complesso stabilire i confini tra un giusto ego e un ego ipertrofico. Questo accade perché viviamo in una società che spinge tutti noi a urlare: «Io, io, io». L'uso che abbiamo scelto di fare dei social network è ormai tutt'altro che social: l'obiettivo, per molti di noi, non è più connettersi con l'altro, ma mostrare all'altro quanto sia bello essere noi.

E abbiamo una vetrina per ogni nostro abito: c'è il sito dove racconto tutti i miei successi lavorativi, quello dove faccio vedere al mondo quanto sono belle le mie vacanze, quello in cui ti ricordo che un fisico come il mio te lo sogni.

Se la televisione ci rendeva tutti fruitori, spettatori passivi che guardavano le star con occhi sognanti, i social media ci hanno messo in testa l'idea che siamo tutti star, tutti speciali a modo nostro. Quello che non ci hanno raccontato, però, è che mettere il nostro ego in prima fila significa anche esporlo a un sacco di minacce.

Sia chiaro, non è mia intenzione demonizzare uno strumento tecnologico. Come tutte le cose, sono fermamente convinto che la minaccia sorga solo laddove la tecnologia viene usata in modo improprio. Il problema è che non abbiamo avuto un'educazione social, e questo ha generato l'ipertrofia generale dell'ego.

L'egotista, al giorno d'oggi, è qualcuno che semplicemente non ha gli strumenti per comprendere quanto siano effimere e superficiali le fonti che nutrono il suo, di ego.

Tutto ciò che non costa alcuno sforzo, non aggiunge alcun valore. Un like sotto la foto di una ragazzina mezza nuda è solo una goccia di saliva che cola dalla bocca di un uomo di mezza età, qualcosa che nel mondo reale non sarebbe neppure considerato lusinghiero. Solo che quel numerino, sommato a tanti altri, diventa un numero grande, un numero che fa pensare al nostro cervello: *Allora io valgo.*

È così che nasce un egotista oggi: accumulando approvazione che non è vera approvazione, perché non richiede sforzo. Un tempo, se volevi dimostrare approvazione al tuo cantante preferito dovevi recarti al concerto, fare la fila, pagare il biglietto, cantare e applaudire per ore e ore. E, per carità, accade ancora oggi, ma ci sono anche delle "scorciatoie". Anzitutto per fare il cantante non serve neppure essere intonato, è sufficiente un computer e un microfono, e per dire a quel cantante che è bravo basta premere il dito su un'icona a forma di cuoricino.

La scarica di dopamina che il cantante riceve è esattamente la medesima, ma siamo sicuri che l'abilità canora di quel cantante sia la stessa del suo antenato e che al processo di approvazione si riconosca ancora autenticamente del valore?

Tutto questo preambolo sui social media non vuole essere una paternale, ma penso sia alla base della tecnica di gestione degli egotisti. Ogni volta che scegli di fare dei complimenti a qualcuno, che sia mediante un applauso, un like, un messaggio o un mazzo di rose, chiediti che impatto avrai su quell'essere umano. Stai sbavando e nutrendo un ego, o stai cercando di instaurare un'autentica forma di contatto umano per dimostrare sincera ammirazione?

Personalmente, ho scelto di rinunciare a qualsiasi forma di ammirazione che mi veda come utente passivo, e a qualsiasi tipo di adulazione che non nasca da sincera stima. Se voglio complimentarmi con un attore, faccio la fila per incontrarlo dopo lo spettacolo teatrale; se voglio dire al mio cantante preferito che lo adoro, vado a urlarlo sotto il palco durante un concerto; se voglio fare i complimenti a una ragazza le dico che la sua bellezza mi incanta, piuttosto che mandarle un cuoricino o un fuocherello sui social. L'ho fatto in primis per me stesso, perché sentirsi un numerino in mezzo ad altre migliaia di numerini non mi faceva star bene, anzi demoliva letteralmente il mio ego per nutrire quello di qualcun altro.

Gestire l'egotismo significa questo: riconoscere le volte in cui stai vendendo un pezzettino del tuo ego e della tua dignità per regalarlo a chi nell'ego già ci sguazza.

Se ti rendi conto che la persona che hai davanti (o che vedi sui social) agisce in un determinato modo solo per ottenere cibo per il suo Io, tu non darglielo. Così facendo, avrai ben tre conseguenze positive:

- Tutelerai il tuo io, che non sarà merce di scambio per alimentare l'ego altrui.
- Eviterai di entrare in relazione con una persona che è troppo centrata su sé stessa, e che quindi non potrà mai ricambiare genuinamente le tue attenzioni.
- In minima parte, aiuterai quella persona a capire che è sbagliato porre il proprio ego al centro del mondo.

Ovviamente, questo metodo è valido nel momento del primo approccio con una persona potenzialmente egotista. Come agire, invece, nel caso in cui una persona egotista faccia già pienamente parte della nostra vita?

Se uno dei tuoi familiari, amici o colleghi si comporta come un egotista, segui questi punti:

➢ IMPOSTA CONFINI SANI. Non permettere all'egotista di monopolizzare le conversazioni, di decidere sempre per entrambi, di approfittarsi di te. Stabilisci confini chiari sulle tue aspettative e sui comportamenti che ritieni accettabili.

- PRATICA L'ASSERTIVITÀ. Esprimi i tuoi bisogni e le tue opinioni in modo chiaro e rispettoso. L'assertività, ovvero la capacità di dire ciò che pensi senza essere né esageratamente aggressivo né esageratamente passivo, ti aiuterà a mantenere un equilibrio in tutte le tue relazioni.
- CERCA IL CONFRONTO. Comprendere se e quanto l'altro sia egotista non è semplice, perciò è fondamentale capire se determinati atteggiamenti vengono messi in atto sistematicamente o solo nei tuoi confronti. Confrontati con amici, familiari o colleghi di fiducia per ottenere prospettive esterne e sostegno nelle relazioni con un egotista.
- DIMOSTRATI EMPATICAMENTE SUPERIORE. Anche se può essere faticoso, cerca di approfondire le motivazioni e le insicurezze che potrebbero guidare il comportamento dell'egotista. Mantieni una prospettiva compassionevole senza permettere che i comportamenti egotisti ti danneggino.
- EVITA DI NUTRIRE L'EGO. Questa regola resta sempre valida: se ti accorgi che l'altro condivide del tempo con te solo per sentirsi dire quanto sia bello e bravo, non dargli questa soddisfazione. I rapporti umani non servono a nutrire l'ego di uno dei due soggetti, bensì presuppongono crescita mutuale.
- RICONSIDERA LA RELAZIONE. In alcuni casi, potrebbe essere necessario chiedersi se valga la pena mantenere una relazione con un individuo eccessivamente egotista. Proteggi la tua salute emotiva prendendo decisioni coraggiose, laddove necessario.

Il Pettegolo

Parole, parole, parole

Durante la mia intera esistenza non ho mai conosciuto nessun essere umano che ammettesse di essere pettegolo. Le persone, anche se colte in flagrante, hanno sempre una giustificazione. Ecco alcune delle frasi che mi sono sentito dire più spesso su questo tema, da persone che tentavano di giustificarsi:

- Ho pensato che dovessi sapere chi è davvero quella persona.
- Ah, ma io non racconto mica i fatti altrui, li ascolto e basta!
- Io condivido delle informazioni, non dei pettegolezzi.
- Ma è solo un modo per fare due chiacchiere su qualcosa…
- Questa storia stava circolando comunque, volevo solo dire la mia!

E se mi stessi sbagliando? Se davvero queste persone non rientrassero nella definizione di pettegole? Ho deciso, in virtù di questo, di mettere in discussione tutto ciò che credevo di sapere, di partire dalle basi, comprendendo anzitutto cosa significasse la parola "pettegolo". E le risposte che ho trovato sono meravigliose.

Anzitutto ho scoperto che la parola deriva dal veneto *petégolo*, letteralmente un piccolo peto. Insomma, un pettegolezzo altro non è che un qualcosa di analogo a un'incontinenza, un impeto che proprio non riusciamo a controllare, che "ci scappa"... seppur da un orifizio differente rispetto a quello che propaga peti.

Seconda scoperta: la parola, il cui uso è stato riscontrato per la prima volta nel XVI secolo, era inizialmente declinata solo al femminile: *petégola*. Il che sorprende fino a un certo punto, col senno di poi, considerando la grande mole di studi che abbiamo a testimonianza del fatto che le donne, nel bene e nel male (come in questo caso), sono "esseri sociali" più di quanto lo siano gli uomini.

Ultima curiosità in merito: esiste un uccello della famiglia degli Scolopacidi che si chiama, per l'appunto, pettegola. È un animale di palude, simile alla beccaccia ma dotato di lunghe zampe arancioni. Il maschio di questa specie (in maniera curiosamente opposta rispetto alle tendenze umane) emette un ciangottio molto loquace, associato appunto al chiacchiericcio tipico delle persone pettegole.

Dunque, **se c'è una cosa certa sul pettegolo, è che egli non è capace di limitare il suo chiacchiericcio**, è una persona che soffre di vera e propria incontinenza verbale. Il che non si limita però a indicare una semplice loquacità eccessiva: il pettegolo ha l'abitudine di fare e scambiare chiacchiere sul conto degli altri, riportando indiscretamente, e spesso con malizia, fatti privati altrui.

Non si tratta perciò di riportare notizie o informazioni:

un pettegolezzo non è un telegiornale. Il pettegolo non ha una fonte certa e non è *super partes* rispetto a ciò che racconta, ma anzi aggiunge volentieri commenti malevoli e allusioni.

Analizzandolo in termini psicosociali, il pettegolezzo è una forma di comunicazione che ha il potere di influenzare le relazioni e plasmare le percezioni all'interno di un gruppo sociale.

Spesso sottovalutiamo l'impatto che una semplice diceria ha sulle nostre vite, ma la realtà è che il pettegolezzo può avere effetti devastanti sulla nostra esistenza individuale e collettiva: non solo può generare grandi incomprensioni, ma può anche far nascere o morire un sentimento, può costruire o distruggere la stima che abbiamo negli altri e in noi stessi, può isolare socialmente qualcuno.

In questo capitolo esploreremo le caratteristiche di una persona pettegola e prenderemo in analisi alcune strategie per difendersi dagli effetti negativi di questo comportamento.

ME L'HA DETTO SOCRATE

Conosci la storia dei tre setacci di Socrate? Probabilmente sì, ma te la racconto lo stesso, non tanto per la storia in sé, quanto per una considerazione che vorrei fare a riguardo.

Si narra che un tale si recò da Socrate e di punto in bianco gli disse: «Socrate, sai che cosa ho appena sentito di un tuo studente?».

«Aspetta un momento» rispose Socrate «prima che tu me lo dica vorrei che tu sostenessi un piccolo esercizio, che io chiamo esame dei tre filtri.»

L'uomo, incuriosito, chiese a Socrate di andare avanti.

«Prima che mi parli del mio studente» disse Socrate «filtriamo per un momento ciò che stai per dire. Ti sei accertato, al di là di ogni ragionevole dubbio, che ciò che stai per dirmi è vero?»
«No» ammise l'uomo «in effetti me lo hanno raccontato, ma non l'ho visto con i miei occhi.»
«Bene» riprese Socrate «quindi tu non sai se sia vero o meno. Ciò che stai per dirmi non ha dunque superato il filtro della verità.»
L'uomo tacque, stranito.
«Veniamo al secondo filtro, il filtro della bontà. Ciò che stai per dirmi sul mio studente è una cosa buona?»
«No, il contrario.»
«Dunque» Socrate continuò «tu vuoi dirmi qualcosa di male sul suo conto senza esser certo che sia vero?»
L'uomo si strinse nelle spalle, imbarazzato.
«Il terzo filtro» proseguì il filosofo «è quello dell'utilità. Dunque puoi ancora passare l'esame. Ciò che vuoi dirmi circa il mio studente mi sarà utile?»
«In verità... non credo» rispose l'uomo.
«Bene» concluse Socrate «se ciò che vuoi dirmi non è vero, non è buono e non mi è neppure utile, perché me lo vuoi dire?»

Il consiglio di Socrate potrebbe rappresentare una sintesi perfetta di ciò che serve per difendersi dai pettegoli, e resta senz'altro un aneddoto prezioso, ma ha un neo, un difetto che lo rende imperfetto: non è vero.

Già, la storiella di Socrate contraddice il suo stesso principio iniziale, poiché non abbiamo alcuna prova reale che Socrate l'abbia ideata o vissuta realmente.

L'aneddoto sui tre setacci non è tratto da un testo specifico di Socrate, poiché Socrate non ha scritto nulla che sia rimasto ai posteri. La maggior parte delle informazioni su Socrate ci è giunta attraverso gli scritti dei suoi allievi, principalmente Platone.

Per quello che sono riuscito a scoprire, il primo libro all'interno del quale è citata questa storia dovrebbe essere (il condizionale è d'obbligo, se non voglio cadere anch'io in contraddizione) *La via del guerriero di pace* dello scrittore statunitense Dan Millman, pubblicato per la prima volta nel 1980, giusto qualche secolo dopo il "vero" Socrate.

Attribuire questa storia a Socrate, dunque, altro non è che un pettegolezzo, il che genera un meraviglioso paradosso. Tuttavia, ritengo che il racconto dei tre setacci superi comunque il filtro della bontà e quello dell'utilità, e pertanto meriti di essere menzionato. Sebbene sia intaccato dal peccato originale, questo discorso può essere replicato per mettere alla prova le persone "tossiche" che ci circondano, allontanando da noi la loro maliziosa incontinenza verbale.

Proviamo adesso, invece, a "vivisezionarlo", prendendo in analisi ciascuno dei tre filtri citati.

«Hai sentito che Dario sta cercando un nuovo lavoro? Dicono che non si trovi bene qui.»

«Sai, Marta e Luigi hanno litigato di nuovo. Pare che abbiano avuto un'altra discussione sulla gestione finanziaria di lei.»

«Ho sentito che Silvia sta frequentando due ragazzi contemporaneamente. Non credo che siano a conoscenza l'uno dell'altro!»

Cosa hanno in comune queste frasi? «Dicono», «pare», «ho sentito»: la prima cosa che salta agli occhi è la mancanza di una fonte attendibile, il primo campanello di allarme che deve farti dubitare quando qualcuno ti racconta un fatto.

Il filtro della **verità**, ovviamente, non parte sempre dal presupposto che chi racconta i fatti debba averli visti con i propri occhi, altrimenti non potrei fidarmi di chi mi ha insegnato che Hitler invase la Polonia, che nello spazio orbita un pianeta chiamato Saturno e che sono esistiti i dinosauri.

Se però sto raccontando qualcosa di cui non sono stato testimone, è importante che citi la fonte dalla quale ho appreso le informazioni in mio possesso, o quantomeno descriva gli elementi che ho acquisito e che mi inducono a pensare di star raccontando il vero. Altrimenti, ovviamente, sarei artefice di un pettegolezzo.

Per quanto riguarda il secondo punto, ovvero la **bontà**, essa è facile da setacciare. Tutto ciò che devo chiedermi è se quel che sto raccontando metta in buona o in cattiva luce l'individuo o gli individui coinvolti.

Questo filtro è, se vogliamo, il più discutibile dei tre, poiché può tranquillamente passare in secondo piano se viene soddisfatto il terzo criterio, quello dell'**utilità**.

Se sono a conoscenza del fatto che un terrorista vuole piazzare un esplosivo e far saltare in aria un'intera stazione della metropolitana, poco importa che, raccontando dei suoi intenti, io lo metta in cattiva luce, giacché questo servirà a salvare centinaia di vite umane.

Chiaramente, non serve che un racconto salvi una vita umana affinché sia utile, ma sarebbe già tanto che di vite non ne danneggiasse. Il mio consiglio, prima di aprire bocca, è quello di **chiedere a te stesso quante persone saranno coinvolte in ciò che stai per dire e in che modo le tue affermazioni impatteranno sulla loro esistenza**.

L'identikit del pettegolo

Per quante giustificazioni di circostanza essi possano addurre, identificare i pettegoli non è poi così complesso. Il rischio più grande che corriamo è quello di "etichettare" una persona come pettegola per un solo commento fuori luogo, pertanto l'accortezza maggiore che dobbiamo avere è quella di verificare se dicerie e maldicenze sono una costante nella vita di qualcuno o restano soltanto episodiche.

Esistono però alcune bandierine rosse, caratteristiche o comportamenti che possono fungere da indizi che, se sommati, fanno una prova:

- ESAGERATA CURIOSITÀ. Le persone pettegole sono spesso motivate da una curiosità eccessiva e morbosa riguardo alla vita altrui. Questo atteggiamento può derivare da insicurezze personali o dalla ricerca di un senso di potere attraverso la conoscenza di informazioni confidenziali.
- MANCANZA DI EMPATIA. Chi pratica il pettegolezzo spesso trascura di considerare gli effetti delle sue parole sugli altri. La carenza di empatia può alimentare il desiderio di sollevare chiacchiericci inutili senza riflettere sulle possibili conseguenze.
- BISOGNO DI CONFERME. Le persone pettegole cercano spesso conferme delle proprie convinzioni e svalutare gli altri è un modo per sentirsi (fintamente) più sicuri di sé. Inoltre, il pettegolezzo è uno dei tanti modi per sentirsi parte di un gruppo: creare un "noi contro loro" parlando male degli altri con i propri amici rafforza la coesione dell'*ingroup* (il noi) e l'avversione verso l'*outgroup* (loro). È forse questo il benefit prin-

cipale del pettegolezzo: utilizzarlo come un mezzo per ottenere approvazione sociale.

- PROPENSIONE ALLA CRITICA. Il pettegolezzo è spesso carico di giudizi e critiche. Chi pratica questo comportamento tende a concentrarsi sugli aspetti negativi degli altri, a notare i difetti, le carenze, gli errori.

Voci di corridoio

Il pettegolezzo è affascinante. Seduce, attrae, ipnotizza, è ammaliante, gustoso, ma nasconde un'anima distruttiva. Si autoalimenta, si nutre di sé stesso, ingigantendosi ogni volta che passa di bocca in bocca. Spesso non ha una sola madre, ma si lascia nutrire da chiunque creda in esso e lo diffonda.

Come ogni cosa che luccica, il pettegolezzo ha mercato, e nello specifico potremmo dire che ha persino varie nicchie: ci sono quelli che "trafficano" succulenti gossip lavorativi, quelli che si concentrano su pettegolezzi di natura economica, spesso mossi dall'invidia, e poi c'è chi ama raccontare e giudicare la vita sentimentale o sessuale altrui, sempre e soltanto attraverso il filo rosso del sentito dire.

Infine, ci sono i tuttologi, quelli che ficcano il naso per pura curiosità, che saprebbero dire a che ora hai parcheggiato e a che ora la tua auto non c'era più, che conoscono il numero di volte in cui vai al bagno, il tempo che impieghi per pranzare e addirittura si preoccupano (o fingono di preoccuparsi) se una delle tue mosse esce fuori dallo schema di abitudini che loro ben conoscono.

In questo mercato non ci sono innocenti, è pettegolo sia chi vende sia chi acquista, perché entrambi alimentano il malizioso chiacchiericcio. Le voci di corridoio sono costruzioni gruppali, che sorgono spesso spontanee, senza essere state pianificate. Dunque, chiunque vi prenda parte è colpevole tanto quanto l'ideatore primo della voce, posto che egli esista.

Hai presente il gioco del telefono senza fili? Quello in cui semplicemente si passa a catena un'informazione da un orecchio all'altro, finché l'informazione stessa non risulta totalmente stravolta. Ecco: se ci pensi, nel telefono senza fili non c'è un vero e proprio colpevole, l'informazione potrebbe essere stata capita male da alcuni o magari anche trasmessa male da altri, ma non c'è qualcuno che decida spontaneamente di travisare il messaggio. La colpa sta nel gioco stesso, nel trasmettere in maniera incerta un messaggio, qualcosa che non siamo certi di aver ben compreso e che probabilmente neppure sapremmo riportare correttamente.

La nostra mente è tutt'altro che infallibile, essa riceve segnali, seleziona quelli che ritiene importanti e li decodifica; per questo non sempre possiamo fare affidamento sulla nostra percezione, specie quando è approssimativa. Informazioni false, distorte, fallaci, che prendiamo per vere per pigrizia o perché fa comodo: ecco perché il più delle volte ricercare un carnefice supremo non ha senso.

Troppo spesso ci soffermiamo sulla ricerca della malalingua primaria, senza chiederci se magari non siamo noi stessi ad aver contribuito a generare la voce di corridoio, anche semplicemente riferendo senza malizia una cosa che ci è stata raccontata.

Onde evitare questo errore, proviamo a capire come possiamo distinguere una voce di corridoio da un fatto reale e concreto.

Anzitutto, le voci di corridoio sono ricche di dettagli ininfluenti e spesso poco coerenti tra loro, proprio perché questi dettagli sono stati aggiunti nel tempo da ogni persona che ha preso parte al chiacchiericcio. Se una storia è parecchio arricchita di dettagli colorati pur non arrivando dalla fonte diretta, probabilmente si tratta come minimo di una versione modificata della verità.

La seconda cosa da ricordare è che un'informazione incerta è un'informazione che in qualche modo viene "aggiustata" nel processo. Tornando all'esempio del telefono senza fili, se la persona prima di me farfuglia «barbetta», e io magari ho ben compreso la parte iniziale o finale, ma non quella nucleare, potrei riadattare quell'informazione, aggiustandola in base alla cosa più plausibile e somigliante che mi viene in mente, «barchetta». Questo vale per ogni informazione che il nostro cervello riceve: tutto ciò che non conosce lo aggiusta per farlo assomigliare a qualcosa di noto, cerca di dargli una forma familiare. Il problema del pettegolezzo è che quella cosa mal compresa e riadattata non si ferma nel nostro cervello, ma passa da una mente all'altra, mutando ancora e ancora.

Infine, una grande legge dei pettegolezzi, come ci ha insegnato il mondo delle *fake news*, è che più la sparata è grossa, più tende a sopravvivere e a passare di persona in persona. Nessuno alimenterebbe pettegolezzi che non creano scalpore: se diamo credito a una notizia è perché la riteniamo abbastanza importante da condividerla con altra gente.

E, proprio come per le *fake news*, sebbene non esista una fonte certa, questa spesso viene emulata o lasciata sottintendere. «Me l'ha detto una persona affidabile», «L'ho saputo da fonte certa, è la pura verità», ma chi è la persona

affidabile? Qual è la fonte certa? Ovviamente questo non si saprà mai, altrimenti staremmo parlando di una notizia piuttosto che di un pettegolezzo.

Un buon banco di prova, per annusare un potenziale pettegolezzo, è questo: se la persona che ti racconta i fatti tenta con forza di convincerti che sta dicendo il vero, probabilmente stai ascoltando una voce di corridoio poco affidabile. La verità è già convincente di per sé, è credibile, è sicura.

I re del pettegolezzo, però, sono quelli che mettono in atto una deresponsabilizzazione davvero sopraffina: «Io non ci posso e non ci voglio credere, ma pare che questa ragazza appena assunta...» e via discorrendo.

Insomma, alcuni negano ciò che stanno dicendo per non essere tacciati di indole pettegola, eppure allo stesso tempo non fanno che alimentare ogni diceria. Un capolavoro d'astuzia.

Distruggere il pettegolezzo

Le persone più pettegole sono generalmente poco istruite e non particolarmente profonde. Tolto il gossip, non avrebbero molto da dire, poiché non hanno spiccate capacità oratorie o argomentative. Per questo motivo, a generare un *rumor* è spesso la semplice pigrizia mentale o l'imbarazzo del non sapere cosa dire.

Parlare della gente è più semplice che parlare di astrofisica o anche solo di uno sport o di un hobby perché, a differenza di questi argomenti, i pettegolezzi sono alla portata cognitiva di tutti, persino dei bambini, e non richiedono nessun tipo di presupposto o conoscenza pregressa. Non serve nemmeno conoscere i diretti interessati, anche solo dire «Una mia collega è andata a letto col mio capo» suona già come un meraviglioso piatto pronto e succulento: non serve conoscerne gli ingredienti per cucinarlo e gustarselo.

Non è importante nemmeno chi sia la persona a cui si serve questa pietanza, ciò che conta è condividerla. I più bravi ed esperti pettegoli riescono a parlar male di Caio con Tizio, di Tizio con Sempronio e di Sempronio con Caio, senza che nessuno dei tre si accorga di chi sia stato a piantare il seme della zizzania.

Il chiacchierone prova un vero e proprio piacere nell'essere ascoltato, perché questo lo fa sentire importante agli occhi degli altri in quanto fonte di notizie. Da persona senza arte né parte, senza argomenti, senza contenuti, il pettegolo si trasforma in una piccola star, almeno per quel breve arco di tempo in cui racconta i suoi scoop.

Insomma, sulla bocca del pettegolo abbondano aneddoti sulle vite degli altri, ma questo serve solo a nascondere la povertà della sua esistenza. A dimostrazione di ciò c'è il fatto che raramente i pettegoli raccontano di loro stessi, dei peccati e delle tresche che li riguardano in prima persona.

In questa chiave di lettura, il pettegolezzo può essere anche un modo per liberare aggressività repressa: più mi sento piccolo rispetto agli altri, miserabile, inutile, incompreso, magari anche emarginato, più si alimenta in me un complesso di inferiorità che mi porta costantemente a cercare di svalutare gli altri esseri umani, ridimensionarli agli occhi di tutti per poter sembrare io un pochino più grande.

Ed è vero, un pettegolezzo può ingigantire l'ego di qualcuno e distruggere quello di qualcun altro nell'arco di pochissimo tempo, ma la buona notizia è che **tutti i pettegolezzi esauriscono la loro viralità con la stessa rapidità con cui si diffondono inizialmente**.

Se non vuoi aspettare che questo fenomeno faccia il suo corso e preferisci tentare di arginare un pettegolezzo, o comunque "disintossicarti", ecco alcune dritte che potrebbero tornarti utili:

- Prendi immediatamente le distanze da tutto ciò che ti sembra un pettegolezzo. Basta bloccare subito ogni persona che ti dica «Hai saputo di...» e controbattere spiegando che non sei interessato ai chiacchiericci e alle voci di corridoio.
- Se non sei sicuro che ciò che ti viene comunicato sia una vera e propria notizia, chiedi sempre quale sia la fonte delle informazioni.
- Qualora non potessi avere certezza della fonte, ma l'informazione ti sembrasse comunque rilevante e da comunicare ad altri, prima di diffonderla cerca di con-

frontarti con persone autorevoli che possano saperne più di te e di chi ti ha riferito l'accaduto.

- Riporta informazioni corrette e affidabili ogni volta che senti voci di corridoio che ti sembrano maliziosamente distorte.
- Non fare l'ambasciatore per conto di nessuno. Se senti che X parla male di Y, invita e incoraggia X a rivolgersi direttamente a Y, magari attraverso una critica diretta ma costruttiva.
- Avvisa gli altri circa il peso che una maldicenza può avere sulla vita del diretto interessato. Far comprendere a un pettegolo gli effetti del suo operato lo metterà sulla difensiva e probabilmente lo scoraggerà dal continuare a diffondere voci di corridoio.
- Sii curioso: riempi la tua vita di aneddoti da raccontare e argomenti su cui dire la tua. La pigrizia mentale, la noia e l'ignoranza sono amiche del pettegolezzo.
- Spiega la pochezza che si nasconde dietro l'uso del pettegolezzo come argomento di conversazione.
- Se un racconto ti sembra poco credibile, prova a fartelo ripetere più volte e ricerca eventuali incongruenze o illogicità.

Infine, se sei tu la persona di cui si sparla e soffri perché senti che gli occhi degli altri sono puntati su di te, ricorda che solo chi fa qualcosa può rischiare di sbagliare.

Nel momento in cui ti esponi, da qualsiasi punto di vista, sarai potenzialmente soggetto al giudizio delle malelingue. Questo però non può e non deve fermarti. Ai maliziosi costa un secondo del loro tempo sparlare alle tue spalle, vuoi davvero concedere loro di distruggere tutti i tuoi sforzi con questa facilità?

Non mettere mai in discussione le tue azioni per colpa delle maldicenze, fallo semmai quando ti troverai di fronte alle critiche costruttive di chi vuole il tuo bene. Probabilmente ci sarà sempre qualcuno che proverà a metterti il bastone tra le ruote, a seminare zizzania mentre tu cerchi di piantare i semini della tua felicità, non farci caso. Se semini bene, comunque darai frutto, e quel frutto sarà sotto gli occhi di tutti, evidenza tangibile che smentirà ogni diceria.

Se invece deciderai di dar peso alle cattiverie, di sprecare le tue energie a estirpare zizzania anziché a coltivare i tuoi sogni, ecco che starai facendo il loro gioco, il gioco dei pettegoli. Ricorda: una smentita è una notizia data due volte, per questo non puoi dar peso e cercare di rimediare a ogni falsità che verrà detta sul tuo conto.

L'Arrogante

Sfumature di arroganza

Dare un titolo a questo capitolo è stata l'impresa più complessa nella stesura dell'intero libro, poiché tanti sono i termini utili a identificare il tipo di persona di cui andremo a parlare.

Superbo, supponente, pretenzioso, altezzoso, svalutante, sdegnoso, presuntuoso, borioso, spocchioso, tracotante: ognuno di questi termini mette in luce diversi aspetti di un carattere che alla fine ho scelto di chiamare arrogante.

L'arroganza è il connotato che più mi è sembrato racchiudere tutti quelli sopracitati, e questo perché ha origine da "arrogarsi", ovvero attribuirsi qualcosa da soli, senza che ciò sia dovuto o riconosciuto da altri. La persona arrogante è svalutante nel momento in cui si arroga il diritto di giudicare negativamente gli altri; è boriosa nel momento in cui si arroga delle qualità che non possiede; è supponente nel momento in cui si arroga la ragione.

La parola "presuntuoso" esprime lo stesso identico concetto, ponendosi però un gradino più in basso rispetto al termine “arrogante”. Perché se il presuntuoso, appunto, presume di essere migliore degli altri, l’arrogante si attribuisce con certezza caratteristiche che non possiede, ragioni che non ha, diritti che non gli spettano.

L’arroganza, insomma, ha mille declinazioni, ma il suo tratto distintivo è sempre lo stesso: **un senso smisurato di superiorità** che si manifesta attraverso atteggiamenti prevaricanti, sguardi sprezzanti e parole taglienti.

Spesso l’arroganza può giustificarsi, mascherandosi da sicurezza o autostima, ma in realtà essa riflette non tanto sicumera, quanto profonda insicurezza, bisogno costante di affermazione e, talvolta, di ammirazione.

La differenza tra una persona sicura di sé e un individuo arrogante si può tracciare con grande facilità prendendo in analisi i comportamenti disfunzionali di chi nasconde la propria fragilità dietro un atteggiamento da bulletto. Questi comportamenti spesso includono:

- SVALUTAZIONE DEGLI ALTRI. Gli arroganti tendono a minimizzare le opinioni e i successi altrui, cercando costantemente di dimostrare la propria superiorità intellettuale o sociale.
- AUTOCELEBRAZIONE ECCESSIVA. Parlando in modo esagerato delle proprie capacità, dei propri traguardi e delle proprie intuizioni, gli arroganti cercano di attirare l’attenzione su di sé e di alimentare il proprio senso di grandezza. Inoltre, una persona arrogante non solo sente sempre il bisogno di fornire la propria opinione, ma tende a imporla.
- RIFIUTO DELLE CRITICHE. Gli arroganti trovano difficile accettare pareri o critiche, anche se queste arrivano da persone a loro affettivamente vicine, poiché

sembra loro assurdo essere corretti da individui che reputano inferiori.

- MANCANZA DI EMPATIA. Chi è guidato dall'arroganza mostra poco interesse per i sentimenti o i bisogni degli altri, concentrando l'attenzione esclusivamente su di sé e sui propri desideri. Certamente un arrogante è capace di avere relazioni sentimentali o di amicizia proficue e stabili, ma solo con persone che non condividono la sua stessa tendenza alla prevaricazione. Con esse arriverebbe certamente allo scontro.
- DOMINANZA CONVERSAZIONALE. Gli arroganti tendono a monopolizzare le conversazioni, interrompendo gli altri e ignorando i loro contributi, al fine di mantenere il controllo e la centralità dell'attenzione. L'arrogante non è dipendente dalle attenzioni degli altri nel senso che gode dell'essere protagonista, semplicemente imporre la sua presenza gli evita di dover ascoltare o assecondare le necessità o i pareri altrui.

Come nasce un arrogante

L'arroganza è per antonomasia una caratteristica che si acquisisce. Per quanto un bambino possa avere un temperamento agitato sin dai suoi primi anni di vita, la tendenza a prevaricare sugli altri è un concetto puramente sociale e pertanto acquisito nell'interazione con la famiglia, i pari, gli insegnanti e il mondo esterno.

Ma perché le persone diventano arroganti? Le radici dell'arroganza possono essere complesse e multifattoriali. Spesso, come già accennato, l'arroganza si sviluppa solamente come risposta a un'intima insicurezza. Dietro la facciata dell'arroganza possono nascondersi disistima di sé e senso di inferiorità, che si tenta di celare mediante un atteggiamento di superiorità.

Un carattere prepotente in realtà può essere anche una forma di autodifesa, una necessità di sopravvivenza: si pensi a quante volte una persona bullizzata può poi diventare a sua volta il bullo di qualcun altro. Esperienze come il bullismo subìto possono portare i bambini a credere che l'atteggiamento di prevaricazione sia quello vincente, e pertanto da adottare.

Anche l'assenza di risorse e beni primari può contribuire a sviluppare un clima di costante contenzioso. Se sin da piccolo sono abituato a competere con i miei fratelli per l'attenzione dei miei genitori o per il poco cibo presente nel frigorifero, svilupperò una mentalità tale per cui la prevaricazione sarà sinonimo di sopravvivenza.

Molti filosofi, come ad esempio l'inglese Thomas Hobbes, sostengono che nello stato di natura, cioè in assenza di leggi prescritte, ogni individuo cercherebbe di eliminare chiunque sia di ostacolo al soddisfacimento dei propri desideri.

Homo homini lupus – l'uomo come lupo per gli altri uomini, famelico e spietato.

Tenendo conto di ciò possiamo facilmente intuire quanto sia importante la reale presenza di regole che ci facciano comprendere il pericolo della prevaricazione e la necessità del rispetto per l'altro. Compito, quello di dare regole, che ovviamente vede come attori principali i genitori, e poi via via tutte le altre figure educative con le quali ci rapportiamo durante la nostra crescita.

A più ampio spettro, poi, la questione può essere allargata all'intera società. L'arroganza, infatti, può essere incoraggiata da un ambiente sociale che premia la competizione e l'individualismo, spingendo le persone a cercare costantemente di dimostrare la propria superiorità rispetto agli altri in ambito lavorativo, sportivo, relazionale, ecc.

Infatti, mentre popolazioni e tribù non industrializzate si basano ancor oggi su valori come la cooperazione e la vita comunitaria, le società capitalistiche tendono ad accentrare attenzioni e aspettative sul singolo individuo, glorificando chi "ce la fa". Senza considerare che, vivendo in un mondo dalle risorse finite (non solo non tutti possono possedere molti beni, ma non tutti possono diventare famosi, non tutti possono avere il lavoro dei sogni, non tutti possono eccellere negli sport, ecc.), gran parte della popolazione semplicemente non può raggiungere determinati traguardi. Pertanto, piuttosto che ammettere a sé stesso il proprio fallimento rispetto alla collettività, l'uomo figlio della società moderna tende ad amplificare i propri traguardi, se non addirittura a vantarsi di qualità che non possiede, di oggetti che non gli appartengono, di successi che non ha raggiunto.

Altre persone, che potremmo chiamare arroganti *naïf*, devono il proprio atteggiamento all'assenza di autoconsapevolezza e di abilità sociali. Parliamo di individui non capaci di riconoscere l'impatto negativo del loro comportamento sugli altri, inabili a comprendere le fragilità altrui.

Questo tipo di persona potrebbe anche avere una sana autostima e non mostrare quindi la necessità di svalutare gli altri per nutrire il proprio ego, e tuttavia farlo, in maniera a suo giudizio bonaria, senza accorgersi dell'impatto negativo che una frase può avere su un altro essere umano.

Immagina il classico ambiente di lavoro con a capo un manager molto competente nel suo ambito, ma pessimo nelle relazioni umane. Egli potrebbe dire qualcosa come: «Ottimo lavoro, peccato solo che ci hai messo più del dovuto». Affermazioni come questa, pronunciate senza alcuna malizia, sono cavalli di battaglia degli arroganti inconsapevoli. Una persona con livelli più elevati di empatia arriverebbe a comprendere che un assunto simile viene percepito come svalutante da un sottoposto, poiché la seconda parte della frase appare come uno svilimento della prima.

Infine, in maniera forse un po' controintuitiva, persino le passate esperienze di successo possono contribuire a forgiare un arrogante. Potremmo definire i presuntuosi appartenenti a questa categoria come "arroganti mitomani", quelli che sono sempre stati trattati da tutti come esseri superiori e pertanto si sono convinti di esserlo.

Certamente queste persone hanno raggiunto reali traguardi, ma compiono l'errore di generalizzare le loro qualità e credersi delle divinità.

Si tratta dell'arroganza tipica del narcisista, colui il quale è assolutamente incapace di mettersi in discussione e dà per scontato di meritare rispetto, attenzione, amore, stima, riverenza e ammirazione.

Atteggiamenti boriosi

Tutti i sinonimi di arrogante già citati si possono racchiudere in due macroaree di atteggiamenti: la **supponenza**, ovvero l'essere convinti di avere sempre ragione, non mancando di farlo notare a più riprese, e la **tendenza a svalutare l'altro**.

Soffermiamoci ora sul primo di questi due fattori. In cosa si sostanzia la supponenza?

Una maniera frequente di ostentare spocchia è mostrare la propria superiorità intellettuale: chi è presuntuoso cerca costantemente di provare la propria supremazia mentale sugli altri, anche laddove ciò non sia richiesto.

Essere colti o avere un quoziente intellettivo elevato non garantisce alti livelli di empatia o di intelligenza emotiva, anzi spesso si riscontra una correlazione inversa tra queste variabili. La persona arrogante che ostenta eccessivamente la propria intelligenza, facendosi così odiare da tutti, ne è l'esempio lampante. Per citarne una, sovente gli arroganti intellettualoidi potrebbero interrompere le conversazioni per sottolineare quanto siano più istruiti o informati sugli argomenti in discussione.

Un altro comportamento arrogante in situazioni sociali è la vanità estetica: una persona vanitosa potrebbe comportarsi in modo istrionico durante gli eventi sociali, monopolizzando la conversazione, cercando di stare al centro dell'attenzione e ignorando gli altri. Persone di questo genere potrebbero, ad esempio, rifiutare cortesemente l'invito a unirsi ad attività che coinvolgono individui che non ritengono alla loro altezza.

Un'ennesima modalità in cui si esprime l'arroganza è attraverso l'esibizione di ricchezza e status. Il denaro è tipicamente uno degli strumenti che più contribuisce a rendere le persone arroganti, poiché dà loro l'idea di poter acquistare tutto: potere, consenso, perfino la ragione. L'arroganza dei ricchi si esprime attraverso l'ostentazione di oggetti costosi e conquiste materiali, allo scopo di impressionare gli altri e magari creare una sorta di sudditanza psicologica.

Altro ingrediente che a volte alimenta l'arroganza è l'esperienza, in taluni casi perfino la semplice anzianità. Spesso le persone che ritengono di avere più esperienza si rifiutano di accettare qualsiasi forma di feedback o critica, considerandoli un affronto. Queste persone potrebbero reagire in modo difensivo o aggressivo quando vengono messe in discussione, o cedere a una facile svalutazione di chi è più giovane e inesperto. Parliamo, banalmente, di un classico «Ma tu che ne sai, ai miei tempi sì che le cose funzionavano. La mia generazione le faceva funzionare», una frase che immagino avrai sentito e che, probabilmente, ti avrà fatto storcere il naso.

Infine, anche ignorare le regole o le convenzioni sociali è una forma di prepotenza. Chi rientra nella definizione di arrogante meglio di coloro che si sentono al di sopra delle regole e delle norme comunemente accettate? In questo caso, comportarsi in modo sprezzante o disobbediente nei confronti delle autorità o delle convenzioni stabilite è un modo per affermare la propria libertà. Si tratta di un tipo di boriosità molto infantile, che collega ingenuamente la trasgressione all'affermazione del proprio Io.

Questi sono solo alcuni esempi di tendenze prepotenti e supponenti che una persona potrebbe manifestare, che spesso si intrecciano tra loro dando vita a personalità intrise di atteggiamenti arroganti. È importante riconoscere che tali comportamenti possono essere dannosi sia per le relazioni e il benessere emotivo della persona che li manifesta, sia per chi ha a che fare con lei.

Svalutazione

Esistono tantissimi modi per svilire gli altri nel tentativo di innalzare sé stessi; alcuni di questi sono sottili e maliziosi, altri palesi e grossolani. Saper identificare le armi dell'arrogante ti permetterà di schivare i suoi attacchi, di difenderti e, nel tempo, di diventare totalmente immune. Dal momento che la svalutazione è forse lo strumento principale dell'arrogante, è fondamentale analizzare i meccanismi di svalutazione di cui egli può servirsi.

Ecco alcuni comportamenti tipici di chi tende a metterti in cattiva luce:

- INGIGANTISCE GLI ERRORI E SMINUISCE I MERITI. Se hai superato un esame difficile dirà che è stata solo fortuna, che ti sono state poste delle domande banali. Se invece hai fallito, chiaramente sarà stata solo colpa tua, perché non ti sei impegnato abbastanza.
- SI INTERESSA FINTAMENTE DI CIÒ CHE FAI. Non gli importa realmente della tua vita, ma desidera solo coglierne i punti deboli e assicurarsi che tu non sia né possa mai essere al suo livello.
- MONITORA E ANALIZZA AL MICROSCOPIO LE TUE MOSSE. Più in generale, le mosse di chi gli sta attorno: sta attento ai dettagli in modo da poterli rinfacciare al momento opportuno.
- È SARCASTICO E CINICO. Utilizza l'ironia in maniera pas-

sivo-aggressiva. Con le sue costanti frecciatine ti lascia intendere che non stai facendo le cose al meglio, tutt'altro.

- È FELICE PER LE TUE SCONFITTE. Cerca sempre di ricreare le condizioni favorevoli al fallimento altrui, in modo da poterlo evidenziare.
- VUOLE CONOSCERE I TUOI PUNTI DEBOLI. È interessato a scoprire gli aspetti che non ti piacciono di te stesso, i tuoi spigoli caratteriali o emotivi: se la tua autostima crescerà e minaccerà il suo ego, saprà dove colpirti.
- NON TI DIRÀ MAI «HAI RAGIONE» A MENO CHE TU NON STIA CONCORDANDO CON LUI. Solo lui può avere ragione, pertanto ti conviene condividere la sua opinione, altrimenti non aspettarti mai approvazione da parte sua.
- NASCONDERÀ SEMPRE LE SUE FRAGILITÀ, I SUOI MALUMORI, I SUOI MALESSERI. Persino di fronte all'evidenza, cercherà di mostrarsi sempre sicuro di sé e in controllo, anche quando sua frustrazione lo potrebbe tradire. Non accetta la sua vulnerabilità e pensa che, ammettendola, darebbe agli altri degli strumenti per attaccarlo.
- NON TI DIRÀ GRAZIE E NON AMMETTERÀ I SUOI ERRORI. Difficilmente un arrogante sperimenta senso di colpa, poiché le sue azioni sono sempre impeccabili da un punto di vista sia pratico sia morale, o almeno questo è ciò che racconta a sé stesso.

Se passi molto tempo a contatto con un arrogante corri il rischio di uniformarti a lui. Per evitare di entrare in contrasto con le sue opinioni, infatti, potresti non contraddirlo mai. Inoltre, siccome il suo scopo è quello di imporre il suo modo di stare al mondo come vincente, potresti iniziare a trattare gli altri come lui tratta te.

Contrastare l'arroganza

A questo punto apparirà chiaro che il linguaggio dell'aggressivo mira a ferirti, probabilmente nello stesso modo in cui lui, un tempo, si è sentito ferito. Qualcuno, esercitando arroganza su di lui, lo ha fatto sentire piccolo, impotente, controllato. E adesso ecco che prova a fare lo stesso con te; ma lo fa in maniera insincera, indossando la maschera dell'ego. Mai ammetterà a sé stesso o agli altri di essere presuntuoso, la sua è solo sicurezza e convinzione. Se guardi bene negli occhi un arrogante, probabilmente puoi ancora scorgere il bambino impaurito che vi si cela dietro.

Proprio per la sua genesi, l'arroganza rischia di essere una catena: l'ho subita da qualcuno, non ho il coraggio di ribellarmi, pertanto la esercito su qualcun altro.

Come fermare questo circolo vizioso? Come trattare con un arrogante senza esserne vittima o farsi "contagiare"? Missione difficile, ma non impossibile.

Tutto parte dal **dominio che siamo capaci di esercitare su noi stessi e sulle nostre emozioni**. Il primo istinto che abbiamo di fronte a un prepotente è quello di combatterlo, di contraddirlo, e questo rischia di farci entrare fin da subito in un campo di battaglia che lui conosce bene come il salotto di casa sua.

Contraddire apertamente un arrogante è una battaglia persa in partenza, dal momento che egli detesta essere contrastato e, come già detto, non è incline al pentimento, all'ammissione degli errori o anche solo a una rivalutazione delle sue posizioni.

Inoltre, un individuo arrogante è spesso anche vendicativo: prova a farlo passare per stupido in pubblico e vedrai che non ci metterà molto a renderti pan per focaccia, contrattaccando e cercando di metterti in ridicolo o umiliarti.

Anche se dovesse passare del tempo, il rancore scolpisce nel cuore dell'arrogante il nome di chi ha tentato di screditarlo, pertanto presto o tardi la sua arroganza ripiomberà su di te con ancor più veemenza.

Dunque, immagina la situazione: sei assieme a una persona arrogante che conosci bene, e magari non siete soli. L'arrogante si è appena servito di un tuo sbaglio, uno strafalcione, un errore, per metterti in ridicolo e svalutarti davanti a tutti, facendo anche notare che lui non avrebbe mai commesso la stessa gaffe. Come reagisci? Non si può contraddire un arrogante, men che meno farlo in pubblico. Tantomeno avrebbe senso insultarlo, passeresti immediatamente dalla parte del torto.

Hai due possibilità.

- IGNORARE TOTALMENTE IL SUO MODO DI FARE. Fingi letteralmente che non esista, ostentando così il fatto che le sue parole di discredito non hanno alcun impatto su di te. Questa opzione è complessa, non facilmente praticabile, perché spesso basta una microespressione del viso a raccontare il nostro disappunto. Non dimenticare che l'arrogante si nutre del fatto di avere il controllo su di te, di suscitare, con le sue parole e le sue azioni, stati d'animo negativi. Per cui sarà sicuramente molto attento alla tua reazione, al tuo sguardo, ai tuoi gesti. E se dovesse notare un minimo disappunto, capirà che il suo dardo avvelenato ha colpito nel segno, e che può continuare con profitto a scagliarne altri.
- AFFRONTARE LE PROVOCAZIONI CON IL SORRISO. Guar-

dalo, sorridi. Lasciagli intendere che lo hai ascoltato e che sei ben consapevole di ciò che tenta di fare, ma non attacca con te. Se poi egli, oltre a svalutare, prova anche a imporre un suo modo di fare, un'argomentazione o semplicemente un'idea che tu reputi sbagliata, aggiungi al sorriso la capacità di discutere nel merito.

Quando ci sentiamo prevaricati tendiamo a infervorarci, a uscire dai gangheri: generalizziamo («Tu fai *sempre* così, sei un presuntuoso!»), alziamo i toni, attacchiamo sul personale, abbiamo reazioni esagerate di rabbia o pianto, sbattiamo i pugni sul tavolo per imporci o, peggio ancora, ce ne andiamo indispettiti. Tutte queste reazioni mostrano discontrollo emotivo, e qualsiasi arrogante ci va a nozze.

Se non condividiamo un'opinione che ci viene imposta da un arrogante, invece, tutto ciò che dobbiamo fare è contestare l'opinione stessa nel merito, smontarla con dati di fatto, argomentando la nostra tesi.

Pensa a uno di quei teatrini che si vedono nei talk show in televisione, quelli in cui c'è gente che urla e sbraita di qua e di là per imporre la propria idea. A volte (non spesso, ahimè) può accadere che in questi contesti ci sia anche un ospite fuori dal coro, composto e pacato, che argomenta nel merito e chiede con gentilezza di non essere interrotto, che risponde col sorriso e con educazione, senza mai alzare i toni, senza perdere le staffe.

Quando questo accade, l'arroganza è messa alle strette, inizia a essere fuori luogo. Tu, da spettatore, cosa penseresti? A chi daresti ragione? Probabilmente all'opinionista che si è distinto anche solo per il suo atteggiamento.

Contrasta sempre l'arroganza con fermezza, ma col sorriso sereno di chi sa il fatto suo.

Il Permaloso

Ma come ti permetti?!

Ricky Gervais, comico britannico, intervistato circa il tema del politicamente corretto che imperversa negli ultimi anni, disse una frase che ritengo illuminante: «*Just because you're offended doesn't mean you're right*» (solo perché ti sei offeso, non significa che tu abbia ragione).

La grande fallacia delle persone permalose si innesca proprio a partire da questo errore: dalla convinzione di avere ragione a prescindere, specie se ferite nei sentimenti.

«Hai detto qualcosa che mi ha fatto stare male, perciò hai sbagliato.» L'errore logico insito in questo tipo di pensiero è facilmente comprensibile: basti pensare a ogni volta che una madre rimprovera un figlio o gli vieta qualcosa. L'intenzione, in quel caso, è educativa, eppure il bambino potrebbe piangere, strillare, dimenarsi e sentirsi ingiustamente privato di un suo diritto.

Nel caso di Gervais e di chiunque lavori in ambito comico o umoristico, il fine primario non è certo educativo (sebbene alcune forme di ironia, come la satira, abbiano anche e soprattutto lo scopo di far riflettere gli spettatori), tuttavia resta il fatto che il termometro che decide se una parola o una battuta possa essere proferita o meno non può essere la suscettibilità individuale, in quanto fattore estremamente variabile.

Ogni messaggio comunicativo ha delle caratteristiche imprescindibili. Per farla breve: c'è un emittente, un messaggio (recapitato attraverso uno specifico canale di comunicazione) e un ricevente. Cosa accadrebbe se ci affidassimo solo ed esclusivamente alla percezione di chi ascolta? Sarebbe il caos totale. Prendiamo l'esempio di questa immagine.

Sarà capitato anche a te di incappare in qualche illustrazione simile, in genere usata per avvalorare la tesi che vede la soggettività insita in tutte le cose. Sebbene siano sicuramente molti gli ambiti in cui la soggettività la fa da padrona, la teoria della soggettività espressa mediante questa immagine non tiene conto di un importante fattore: qualcuno ha posizionato quel numero sul tavolo. Chi l'ha fatto aveva un intento comunicativo ben preciso, fosse esso un 6 o un 9, per cui una delle due persone presenti nell'illustrazione sta fraintendendo il messaggio.

L'**intenzione comunicativa**, sebbene possa essere ambigua, fa tutta la differenza del mondo. Se io ho un'intenzione comunicativa non aggressiva né svalutante, ma essa viene letta come tale, è corretto che mi venga vietato di esprimermi? Assolutamente no.

Immagina un mondo in cui, ogni volta che una parola risulta offensiva per uno solo degli abitanti della Terra, essa venga bandita. Non resterebbe più traccia di ciò che chiamiamo linguaggio.

EVOLUZIONE DI UNA PAROLA

Un esempio lampante di questa dinamica (ma ce ne sarebbero tanti, tutti molto spigolosi da trattare al giorno d'oggi) è il modo in cui sono state utilizzate le parole con cui ci si riferisce a una persona con disabilità nel corso degli anni. Inizialmente, e capisco che a oggi possa risultare strano, il termine "menomato" era usato a livello sia diagnostico sia giuridico, senza rappresentare nulla di offensivo: era semplicemente il modo con cui veniva definita una persona con una menomazione, ovvero una perdita che incide in modo più o meno grave sul piano dell'integrità e dell'efficienza. Successivamente, qualcuno avrà iniziato a usare questo termine in modo improprio, qualcun altro invece lo avrà frainteso, fatto sta che a un certo punto la parola è diventata una cattiva parola, per cui si è deciso di sostituirla

con "handicappato", che deriva da handicap, termine coniato in ambito ippico e che viene ancor oggi utilizzato ad esempio nel mondo delle scommesse sportive calcistiche. L'handicap non è null'altro che uno "svantaggio" di partenza, che mediante uno sforzo può essere colmato. Tuttavia, anche in questo caso "handicappato" è diventato col tempo un termine etichettante in maniera negativa. A quel punto si è stabilito che la persona e la disabilità non sono concetti che possono sovrapporsi, altrimenti si creerebbe uno stigma. Per cui si è passati a "portatore di handicap". Poiché, come avrete capito, questo ciclo è destinato a ripetersi uguale a sé stesso, a un certo punto persino portatore di handicap è risultato offensivo, e al suo posto si è usato "disabile".
Ovviamente anche questo termine è presto finito al bando, e si è tentato di usare "diversamente abile". Una parola che suona quasi come uno scherno, una presa in giro, dal momento che un sordo non è che senta in modo diverso, semplicemente non sente.
Prevedibilmente, oserei dire, diversamente abile è finito per essere usato o percepito in maniera impropria, per cui a un certo punto si è passati a "persona con disabilità", termine in uso oggi, perlomeno nel momento in cui il sottoscritto sta ultimando questo libro e fino a prossima indignazione.

Eppure, non siamo poi così distanti da questo mondo distopico. Sia chiaro che non sto dicendo che la responsabilità del declino linguistico sia esclusivamente dei "riceventi", di chi fraintende l'informazione – anzi, spesso è anche l'emittente a fare un uso improprio di un termine, rendendolo così contestabile.

L'excursus sull'evoluzione delle parole ci insegna che ciò che si dovrebbe contestare come fattore discriminante è l'intenzione sottesa, non la parola stessa, altrimenti si entra in un circolo vizioso di offese e suscettibilità. Il permaloso, invece, fa l'esatto contrario. Si aggrappa alle parole per usarle come pretesti, fraintende volutamente il messaggio dell'emittente al fine di non dover più gestire la scomodità emotiva che quel messaggio causa in lui.

Genesi del permaloso

L'etimologia della parola "permaloso" non ha nulla di intrigante, deriva infatti semplicemente dalla locuzione latina *per male*, adattata in espressioni come "prenderla a/per male" o "aversene a/per male", diffuse con uso regionalistico ed evolutesi nel più comune e trasversale "prenderla male".

Tutti sappiamo che questo termine indica chi si offende con facilità, sospettando cattiveria dietro ogni parola o gesto altrui. Ciò che forse sottovalutiamo, però, è che la propensione a reagire in modo eccessivamente sensibile o offeso a situazioni all'apparenza banali o innocue rappresenta un fenomeno complesso che può influenzare significativamente le relazioni interpersonali e il benessere individuale.

Il permaloso se la prende per un nonnulla e non sa stare agli scherzi, il che lo rende non solo di pessima compagnia, e quindi non desiderabile a livello sociale, ma anche frustrato e infelice nel rapporto con sé stesso. Infatti, la permalosità ci spinge a vivere sempre sulla difensiva e ci rende complessa l'accettazione serena delle opinioni che gli altri hanno su di noi.

Purtroppo, la permalosità è un concetto talmente sfumato e soggettivo che diventa difficile da indagare a livello scientifico. Per quel che sappiamo, le radici della permalosità possono risalire sia a variabili temperamentali sia a esperienze di vita.

Alcuni individui potrebbero aver sviluppato una sensibilità eccessiva a causa di traumi emotivi subiti durante l'infanzia, altri potrebbero essere stati influenzati da modelli comportamentali messi in atto dai familiari o dai pari, crescendo in ambienti in cui la sensibilità e l'offesa sono considerate risposte accettabili alle situazioni stressanti, o in ambienti, come quelli delle minoranze, in cui percepirsi come vittima è la prassi, dal momento che vittime lo si è realmente stati da sempre.

Inoltre, l'insicurezza personale, la bassa autostima e la mancanza di fiducia in sé stessi e nei propri mezzi possono contribuire alla permalosità. La permalosità spesso non è altro che un meccanismo di protezione di un Io debole. **Più siamo dipendenti da un giudizio positivo altrui, meno tolleriamo un giudizio che percepiamo come negativo.**

Chi si convince di valere qualcosa solo a fronte di un giudizio positivo esterno, quando si vede contestare un determinato atteggiamento o un errore si sente subito attaccato e va sulla difensiva. L'insicuro percepisce il parere negativo altrui come una fonte di svalutazione e rifiuto, pertanto fatica a gestirlo e accettarlo.

Sovente le persone permalose interpretano le azioni degli altri come critiche o attacchi personali anche quando non è il caso. Questa interpretazione distorta delle interazioni sociali può alimentare un circolo vizioso di reazioni eccessivamente sensibili.

La persona permalosa di solito reagisce alla critica in due modi:

- CONTRATTACCANDO. Vale a dire attuando un comportamento passivo-aggressivo. Chi utilizza questa risposta spesso ha nel quotidiano un atteggiamento di (finta) superiorità. Non tollera di essere messo in discussione perché percepisce che la fragile maschera di spavalderia e sicurezza che indossa potrebbe andare in frantumi.
- CHIUDENDOSI. Chi si rintana in sé, astenendosi dal rivolgere la parola all'offensore, spesso sottende anche la volontà di castigare l'altro. Il silenzio punitivo, ad esempio, è un'arma usata tantissimo dai permalosi. Rintanarsi in sé stessi diventa quindi non solo uno scudo con cui difendersi, ma un vero strumento per ferire subdolamente.

Che lo ammetta o no, **il permaloso vive sempre sotto attacco**, temendo di non essere all'altezza della situazione. Ciò di cui non si rende conto, però, è che la sua stessa permalosità è una manifestazione di inferiorità.

Excusatio non petita, accusatio manifesta, racconta un proverbio di origine medievale. La sua traduzione suona più o meno come "Scusa non richiesta, accusa manifesta". Sia chiaro, non necessariamente il permaloso trova scuse per giustificarsi quando si percepisce attaccato, ma il meccanismo che sottende questo tipo di comportamento ricalca le stesse dinamiche: mostrare di avere un nervo scoperto su un certo argomento significa sostanzialmente ammettere che quell'argomento ci fa soffrire.

Facciamo un esempio pratico: mettiamo che qualcuno mi accusasse di essere molto scarso a giocare tennis e che io mi chiamassi Roger Federer. Secondo te, uno dei più grandi tennisti di tutti i tempi si metterebbe a piangere di fronte a un'accusa del genere? Attaccherebbe insultando chi l'ha criticato? Si giustificherebbe, spiegando che non ha potuto allenarsi bene in vista dell'ultimo torneo? No. Probabilmente si farebbe soltanto delle grasse risate.

Più io sono sicuro di me, del mio lavoro, dei miei sforzi, del mio percorso, di chi sono e di dove voglio arrivare, meno sono suscettibile alle critiche e alle offese.

Un discorso diverso va fatto quando si tratta, però, di caratteristiche non modificabili. Certamente, se io sono basso non potrò diventare alto, e questo potrebbe essere per me un tallone d'Achille a vita. In casi simili, tutto passa dall'accettazione. Bisogna essere ben consapevoli del fatto che una critica mossa circa la mia altezza è una critica sciocca, che non merita neppure una risposta. Il permaloso, tuttavia, accecato dal peso delle proprie insicurezze, non è in grado di formulare questo tipo di pensiero razionale, e in situazioni simili rischia facilmente di contrattaccare con offese maggiori e passare dalla parte del torto.

Non solo: il permaloso non è in grado di vedere nemmeno le critiche costruttive come un modo per migliorare sé stesso, pertanto è sempre portato al conflitto con l'altro o all'isolamento.

Manifestazioni di permalosità

Se hai quotidianamente a che fare con una persona permalosa, sia essa un partner, un amico o un familiare, avrai imparato a morderti la lingua.

Parole da non dire, argomenti da evitare, frasi tabù, aggettivi insidiosi e pareri da trattenere: interagire con un permaloso assomiglia molto a una corsa a ostacoli in cui la caduta è sempre potenzialmente dietro l'angolo.

Dal momento che il permaloso vive sull'attenti, basta un nonnulla per provocare reazioni spropositate: urla, espressioni stizzite, aggressioni, musi lunghi, silenzi interminabili.

Le persone permalose mostrano dunque una serie di atteggiamenti e comportamenti, abbastanza palesi, che portano a intuire la loro attitudine al sentirsi vittime di ingiustizie o offese. Sebbene non serva certo "smascherare" un permaloso, vale comunque la pena prendere in analisi alcune delle manifestazioni più comuni:

- SUSCETTIBILITÀ ALLE CRITICHE. Come già accennato, le persone permalose tendono a reagire in modo estremamente sensibile alle critiche, anche quelle amorevoli, costruttive e ben intenzionate. Percepiscono le osservazioni degli altri come attacchi personali, anche se non lo sono.
- REATTIVITÀ EMOTIVA ECCESSIVA. Anche le situazioni più innocue possono scatenare una reazione emotiva intensa nelle persone permalose. Esse possono essere inclini a prendersela per piccolezze o a percepire in modo distorto le intenzioni altrui. A volte questo può comportare la creazione di un vero e proprio deficit nella capacità di leggere le emozioni attraverso le espressioni facciali dell'altro.
- VITTIMISMO. Le persone permalose possono assumere spesso il ruolo della vittima, interpretando le azioni degli altri come ingiuste o offensive. Questo atteggiamento può alimentare il risentimento e minare la capacità di risolvere i conflitti in modo costruttivo.
- RISENTIMENTO PERSISTENTE. La permalosità può portare a covare rancori costanti e duraturi e a difficoltà nel perdonare o dimenticare quelle che sono percepi-

te come offese. Questo atteggiamento ostacola la capacità di mantenere relazioni sane e gratificanti, senza contare che alimenta costanti sensazioni negative nella persona permalosa. Sentirsi sempre giudicati può condurre a pensieri persecutori e paranoici.

- NEGAZIONE. Il lato forse più frustrante, nell'interazione con un permaloso, sta nei messaggi contrastanti che dà. Mentre la sua voce esclama «Non c'è niente che non va», la sua espressione facciale e la sua postura ti fanno capire che invece c'è molto che non va e che di lì a poco probabilmente ne pagherai le conseguenze. Anzi, le stai già pagando. Negare di essere permalosi è il primo ingrediente dell'essere permalosi. Il permaloso professionista è quello che non ammetterà mai di essere risentito.

Gestire un permaloso

Parliamoci chiaro: avere a che fare con un permaloso può essere grande fonte di stress. Pesare ogni parola prima di proferirla è un'ardua impresa, e chi tenta di farlo finisce per sentirsi costantemente sul filo del rasoio.

Dal momento che una reazione permalosa può essere sempre dietro l'angolo, si potrebbe pensare che la soluzione più semplice consista nelle scuse di facciata: fare il permaloso "fesso e contento", come si suol dire, assecondandolo, facendogli credere che abbia ragione e che siamo pentiti.

Questa soluzione, in realtà, serve solo a tamponare la situazione, in attesa del prossimo episodio di suscettibilità eccessiva. Non dobbiamo dimenticare che, se il permaloso viene assecondato e trova conferme, non può che peggiorare. La permalosità si radicherà ancor di più, diventando una vera e propria strategia, un costante ricatto sottotraccia per ottenere le scuse e le attenzioni dell'altro, senza mai mettersi in discussione o chiedersi se si è in errore.

UNA COPPIA E IL TERZO INCOMODO: LA PERMALOSITÀ

Poniamo il caso di un rapporto di coppia: facciamo finta che, in questa coppia di fantasia, la ragazza sia un po' insicura, fragile, suscettibile e, spesso, permalosa. Questo non la rende certo una cattiva persona, ma la sua permalosità finisce per generare frequenti incomprensioni con il fidanzato. Magari lui è una persona competitiva, oppure tende a scherzare in maniera bonaria, ma lei, vivendo un senso di inferiorità, proprio non riesce a tollerare le prese in giro, i giochi competitivi o le critiche.
Se è certamente vero che da un lato il ragazzo può e deve cercare di smorzare i toni, fare meno critiche sarcastiche o creare meno situazioni di "sfida" con la partner, dall'altro, come abbiamo visto, assecondare la permalosità con un atteggiamento di remissione e scuse renderebbe lei ancor più rigida e non le farebbe fare passi in avanti rispetto alla sua insicurezza.
Quale comportamento dovrebbe tenere, allora, lui? La cosa migliore che può fare è rassicurare lei, facendole capire che nessun giudizio su cose negative accadute (ad esempio: «Ieri sera hai scordato la luce accesa in salotto») sottintende in alcun modo un giudizio negativo su di lei. Le critiche circoscritte a un dato comportamento

o situazione non sono critiche dirette alla sua persona, e pertanto non vi è alcun motivo né di contrattaccare, né di immusonirsi, né di mettere in discussione il rapporto di coppia.

Offendersi, per un permaloso, non è altro che un modo per ottenere l'accettazione e l'attenzione altrui. Se io ti costringo a scusarti, e tu lo fai, posso consolidare la mia idea di essere nel giusto e di conseguenza avere pretese sempre più grandi.

Quindi, diventa fondamentale far capire all'altro, specialmente se è qualcuno a cui teniamo, che il suo atteggiamento di continua suscettibilità nasconde una vulnerabilità sulla quale dovrebbe indagare. Se senti che tutto il mondo ti offende e sminuisce, forse il problema non è il mondo, ma la tua percezione di te stesso e del mondo. Frasi come questa, dette con il dovuto tatto, possono far aprire gli occhi di un permaloso.

In generale, c'è una serie di sacri comandamenti che possono aiutarti a comunicare con un permaloso in maniera efficace, limitando gli alterchi:

- EVITA GLI EQUIVOCI. Doppi sensi, sarcasmo, allusioni, prese in giro e ambiguità sono terreno fertile per la proliferazione delle paranoie di un permaloso. Se una persona suscettibile può interpretare come svalutante nei suoi confronti una frase ambivalente che hai detto, sicuramente lo farà.
- SII PAZIENTE ED EMPATICO. Il permaloso non va aggredito o denigrato. Cerca di comprendere le esperienze

passate e i tasti dolenti di una persona permalosa, così da capire in quale spazio lessicale puoi muoverti. Riconoscere le paure e le insicurezze dei permalosi può aiutarti a stabilire un terreno comune e a ridurre i conflitti. Costruire fiducia è fondamentale.

- COMUNICA IN MODO RISPETTOSO. Esprimi le tue opinioni e le tue esigenze in modo diretto ma amorevole, evitando un linguaggio accusatorio o offensivo. Soprattutto se ci tieni al rapporto con quella persona, fornisci feedback costruttivi e ricordale sempre quanto è importante per te. Se invece il permaloso è un conoscente o un collega con il quale non ti interessa instaurare una relazione che vada oltre le formalità, limitati a comunicazioni essenziali e educate senza dargli spazio di fraintendimento.
- IMPOSTA DEI LIMITI. Se la permalosità di qualcuno sta influenzando negativamente la tua vita o le tue relazioni, se sei arrivato a sentirti costantemente in colpa perché a ogni tua parola quella persona piange, si chiude a riccio o si arrabbia, è giusto che tu sappia che il problema non sei tu. È impossibile dire qualcosa di sbagliato o offensivo letteralmente ogni volta che si apre bocca. Sii assertivo nel difendere il tuo diritto a esprimerti, a maggior ragione se offendere non è nelle tue intenzioni.
- PROMUOVI LA CONSAPEVOLEZZA. Se lo ritieni opportuno, in nome dell'amicizia o dell'amore che sperimenti, incoraggia la persona permalosa a esplorare le radici dei suoi sentimenti e a cercare il supporto professionale di uno psicologo o di un terapeuta. La consapevolezza dei propri schemi di pensiero e comportamento è l'unico strumento con il quale il permaloso può cambiare.

Sei permaloso?

È arrivato il momento del tasto dolente, quello in cui chiedere a te stesso se te la prendi troppo facilmente. Decretarlo spetta solo a te stesso, ma ecco una serie di indizi che possono indirizzarti. Probabilmente, sei un permaloso se:

- serbi rancore;
- ti senti sempre una vittima;
- rispondi alle critiche criticando a tua volta;
- altri ti fanno presente che hai reazioni emotive eccessive;
- non dimentichi mai un torto subìto (o presunto);
- anche una semplice discussione ti devasta emotivamente;
- sei molto suscettibile;
- non accetti nessun tipo di critica;
- usi il silenzio punitivo;
- ti capita spesso di fraintendere commenti e battute altrui;
- fai fatica a perdonare;
- rinfacci cose dette o fatte in passato dall'altro;
- litighi spesso;
- cambi umore repentinamente quando sei con la gente;
- senti il bisogno di complimenti;
- ti inalberi subito;
- non ti metti mai in discussione;
- ti chiudi in te stesso per evitare il confronto.

Se molti di questi comportamenti ti appartengono, probabilmente è il caso di indagare le cause della tua suscettibilità e mettere in pratica dei piccoli accorgimenti che ti renderanno meno scontroso agli occhi altrui.

Il primo ambito in cui puoi migliorare è quello comunicativo, sia nei tuoi silenzi sia nelle tue parole. Come prima cosa, accertati di aver capito bene ciò che gli altri affermano, onde evitare di prendere un granchio e percepire frasi neutre come accuse.

Nei casi in cui tu sia certo di aver ricevuto una critica, chiediti (o chiedi esplicitamente all'altro) qual è lo scopo di quella critica. Sta cercando di aiutarti? Vuole farti crescere? Evitarti una brutta figura? Oppure il suo obiettivo è davvero solo e soltanto quello di offenderti e ferirti?

Compreso ciò, puoi diventare parte attiva della comunicazione e provare a spiegare agli altri come ti senti a fronte della critica ricevuta. Puoi motivare le ragioni del tuo dissenso, illustrare perché reputi quella frase offensiva o ingiusta, ma non cadere nel solito errore di contrattaccare con altre offese o di chiuderti in un silenzio che mira a punire l'interlocutore.

Se il tuo obiettivo è quello di non sentirti più offeso o svalutato, l'unica via per ottenere ciò che desideri è il dialogo. Non essere ipocrita; se vedi che qualcuno realmente ti manca di rispetto e non ne vuole sapere di instaurare un dialogo costruttivo, elimina quella persona dalla tua vita. Molti permalosi non fanno che lagnarsi di come vengono trattati dal partner, ma non lo lasciano, oppure si lamentano costantemente che «al lavoro sono tutti degli stronzi», ma non danno le dimissioni. Se pensi di meritare un trattamento migliore di quello che ricevi, dimostralo. Tu per primo devi metterti in contesti che ti valorizzino.

Elimina frasi come «Ma come ti permetti?», «Nessuno mi capisce», «Non posso credere che tu mi dica questo» o «È sempre colpa mia, vero?». Chi si comporta come una primadonna non sta simpatico a nessuno.

Non aspettarti che gli altri ti leggano nella mente e si scusino per un errore che non hanno compreso di aver commesso. Se qualcuno ti chiede cos'hai e rispondi «Niente», l'altra persona continuerà a non capire e sicuramente rifarà o ridirà le cose che ti hanno offeso.

Infine, se sei permaloso, probabilmente sarai stato accusato di essere una *drama queen*, ovvero una persona eccessivamente emotiva, teatrale, esagerata nelle reazioni e nella gestione delle situazioni complesse o conflittuali.

Sebbene il termine venga usato nel gergo giovanile in maniera scherzosa, è giusto che tu sappia che questo tipo di atteggiamenti caratterizza in gran parte chi possiede una personalità istrionica, che può sfociare anche in un vero e proprio disturbo.

L'istrionico ha il costante bisogno di essere al centro dell'attenzione e finisce per deprimersi se non lo è. Chiaramente, l'essere istrionici sta parecchio più in alto nella scala della gravità rispetto a una semplice permalosità, ma comunque sono tappe di uno stesso sentiero.

Pertanto, se pensi di avere tendenze permalose, inizia a metterti in discussione e a indagare l'origine della tua eccessiva sensibilità, prima che sia troppo tardi.

Il Malvagio

Il seme del male

Se c'è una cosa che i capitoli affrontati fin qui ci hanno aiutato a comprendere è che **siamo pieni di difetti**. Tutti noi sbagliamo, perlomeno a tratti. Siamo pettegoli, siamo violenti, siamo permalosi, siamo bugiardi, siamo egotisti, siamo mediocri, siamo arroganti, siamo invidiosi e tante altre brutte cose.

Tuttavia, nella maggior parte dei casi, le persone permalose, aggressive, bugiarde, eccetera eccetera non sono cattive, non si comportano così perché godono nel fare star male gli altri. Chi possiede uno o più di questi tratti negativi di personalità è tendenzialmente in buona fede, mette in atto determinati comportamenti per abitudine più che per desiderio di veder soffrire l'altro. Sono davvero poche, viceversa, le persone capaci analizzarsi, di avere occhio autocritico, di ritagliarsi il tempo di chiedersi se stanno sbagliando atteggiamento.

A questo punto, dopo aver preso in analisi molti dei tratti di personalità negativi più diffusi, un dubbio sorge legittimo: **esiste la pura cattiveria?** Esistono persone malvagie solo per il gusto di esserlo? Persone che compiono il male in maniera consapevole e senza nemmeno grandi tornaconti, solo per osservare e godere della sofferenza altrui? In questo capitolo proveremo a dare risposta a questa domanda.

Ma andiamo con ordine, come sempre, e partiamo dalle basi, dalle parole. Ho scelto la parola "malvagio" e non "cattivo" per una questione molto semplice: cattivo non significa ciò che intendiamo, o almeno non nella sua accezione originale. Deriva infatti dal latino *captivus*, prigioniero. Questo termine descriveva nello specifico la sorte di colui che, venendo catturato in guerra, viveva in stato di schiavitù. Da ciò deriva ancora oggi l'espressione "in cattività", utilizzata perlopiù per descrivere animali privati della loro libertà. Questa definizione sembra indicarci una direzione: cattivi non si nasce, ma si diventa. Ci si "incattivisce", appunto, a seguito di eventi spiacevoli, situazioni avverse, traumi.

Se prendiamo per buona questa traccia puramente lessicale, ogni dubbio sembra fugato: non esistono persone intrinsecamente perfide, esistono solo persone che hanno subìto il male e che, in qualche forma, lo rimettono in circolo nel mondo. Persone imbestialite, nel vero senso della parola, che fanno del male per "rispondere" al male che hanno subìto (o ritengono di aver subìto).

La parola "malvagio", invece, apre scenari ben diversi. I dizionari ci dicono che malvagio è colui il quale ha un animo perverso e si compiace di agire il male. Deriva anch'esso dal latino tardo *malifatius*, ovvero "colui che ha un cattivo fato, un brutto destino", passando attraverso il più simile francese antico *malvais*.

Ciò sembrerebbe indicare che non solo esiste chi si compiace del male, ma che il male sia addirittura iscritto nel destino di alcuni di noi, nella nostra natura.

Ovviamente, nel corso dei secoli, c'è già stato qualcuno che si è posto tale quesito. Tra i più celebri sostenitori di una malvagità "geneticamente codificata" va sicuramente annoverato Cesare Lombroso, medico e antropologo italiano vissuto a cavallo tra Ottocento e Novecento. Nello specifico, Lombroso si occupò di criminalità, arrivando ad affermare, mediante i suoi studi, che da determinate caratteristiche fisiche si potesse dedurre una sorta di predisposizione innata al crimine. Cranio piccolo, fronte sfuggente, orbite oculari grandi: questi alcuni tra gli elementi che secondo lui accomunavano le persone con tendenze delinquenti. Una visione che oggi fa sorridere, che colloca da una parte i buoni e dall'altra i cattivi, destinati a essere per sempre tali. Proprio gli studi di Lombroso, fallimentari e ormai rifiutati dalla comunità scientifica, in quanto non supportati da alcuna evidenza empirica, hanno screditato l'idea che esista una forma genetica di cattiveria, un destino predeterminato nel segno del male, per alcuni di noi.

Insomma, l'etimologia – quantomeno quella della parola "malvagio" – stavolta non basta a scovare la verità, bisogna andare più a fondo.

La psicologia, a oggi, non ha una risposta molto chiara a riguardo. Quello che gli studiosi moderni si limitano a dire è che i comportamenti che consideriamo malvagi non sono altro che il risultato di una complessa interazione tra genetica, ambiente, circostanze e scelte personali, senza poter davvero specificare quanto peso abbia ognuno di questi fattori.

Tuttavia, se la scienza è così cerchiobottista in merito alla questione c'è un perché: la malvagità è una faccenda filosofica, antropologica e culturale, prima ancora che scientifica. **Il concetto di "male" è soggettivo**: ciò che per una determinata società potrebbe rappresentare un comportamento cattivo potrebbe invece essere assolutamente normale per un'altra. Pensaci bene: cosa è universalmente considerato male? La violenza fisica? Eppure ci sono culture in cui è parte integrante dell'educazione dei figli. E che dire poi della legittima difesa? Sto comunque facendo il male se picchio qualcuno per difendere me o i miei cari?

Forse starai pensando: *Be', però uccidere un essere umano è universalmente visto come fare del male, no?* Se fosse veramente così, non ci sarebbero Paesi che ancora prevedono la pena di morte nel loro ordinamento penale e la eseguono, non ci sarebbero "guerre giuste" o più in generale conflitti armati.

Grosso modo, noi esseri umani siamo in grado di giustificare qualsiasi atrocità commettiamo attraverso i meccanismi di disimpegno morale che ci consentono di "alleggerire" il peso del male compiuto.

Per questa ragione non è semplice per gli psicologi definire ciò che è bene o male, né tantomeno studiare la malvagità isolando le diverse variabili che possono contribuire ad alimentare comportamenti malvagi.

Immagina un esperimento ideale in cui si misurasse la malvagità, intesa come pura propensione a fare del male all'altro senza trarne beneficio alcuno, ad esempio mediante delle lievi scosse elettriche. Se anche ci fosse un partecipante che infligge dolore al prossimo più frequentemente degli altri, come potremmo mai conoscere l'origine della sua cattiveria? Come potremmo sapere se ha un trauma legato alla violenza nella sua infanzia, o se è cresciuto in un

ambiente in cui la violenza fisica è sempre stata socialmente o culturalmente accettabile?

Insomma, due insormontabili pietre ci precludono l'accesso alla verità quando ci chiediamo se esista un seme del male: da un lato, non sappiamo quali comportamenti siano indiscutibilmente malvagi (se ce ne sono); dall'altro, non sappiamo come isolare i fattori che generano questi comportamenti.

IL SUPERCATTIVO

Facciamo un gioco: pensa alla pura malvagità. Tra tutti gli esseri umani vissuti finora e di cui abbiamo memoria, che personaggio storico associeresti alla parola "malvagità"? La quasi totalità degli esseri umani risponderebbe a questa domanda citando una delle figure più controverse mai esistite: Adolf Hitler.

Si stima che il nazismo sia stato causa della morte di circa 6 milioni di ebrei, che sia costato la vita a una grossa fetta della popolazione rom (tra le 196.000 e 300.000 vittime), che oltre 250.000 disabili siano stati ammazzati e che decine di migliaia di omosessuali siano stati perseguitati, dei quali circa 7.000 diventati poi vittime nei campi di concentramento. Il tutto senza contare prigionieri di guerra, nemici morti in combattimento, dissidenti politici e oppositori. Ma perché Hitler ha fatto tutto questo? Basta una strategia politica a "spiegare" la cattiveria hitleriana? Quando parliamo dell'uomo più crudele della storia, parliamo di un essere umano nato col seme del male?

Proviamo a tornare indietro nel tempo, utilizzando gli scritti che lui stesso ci ha lasciato, alla ricerca del seme del male. Il primo germoglio di antisemitismo a cui egli stesso fa riferimento nel *Mein Kampf* risale a quando, da ragazzino, frequentava la Realschule di Linz, una sorta di scuola secondaria di indirizzo tecnico-scientifico. Nel suo libro parla di un ragazzo ebreo, e afferma che avendo imparato «qualcosa» da «diverse esperienze» riguardanti il suo riserbo, non si fidava particolarmente di lui.

I termini vaghi sono molti, e da qui a dire che la semplice avversione per un giovane ebreo basti a dimostrare un'innata malvagità c'è un abisso. D'altronde chi di noi non ha nutrito pregiudizi o antipatie verso qualcuno, a quell'età? A ben vedere, poi, l'antisemitismo era già diffuso in Europa da secoli, e gli ebrei erano spesso additati come capri espiatori di malcontenti sociali, esattamente come al giorno d'oggi c'è un'ampia fetta di europei che non cela il proprio fastidio rispetto ai fenomeni migratori.

Un'altra cosa certa è che già da adolescente il giovane Adolf non era privo di traumi. Il padre, Alois, aveva con lui un rapporto conflittuale, fatto di severità e violenza. Era inoltre venuto a mancare pochi anni prima, in circostanze misteriose, accasciandosi d'improvviso mentre sorseggiava del vino in un'osteria, quando Adolf era tredicenne.

In quegli anni Hitler vive con la sorella, Paula, affetta da un lieve ritardo mentale, e con la madre, Klara, che passerà a miglior vita a causa di un cancro solo qualche anno dopo, abbandonando un Adolf diciottenne al suo destino.

Ma al di là degli eventi spiacevoli, il futuro Führer sembra coltivare velleità artistiche più che politiche: cerca di imparare a suonare il pianoforte (rinunciando poi all'impresa), dipinge (e lo farà per tutta la vita), scrive poesie (molte delle quali dedicate a una ragazzina alla quale non avrà neppure mai il coraggio di rivolgere la parola).

Ha anche un amico, uno solo, August Kubizek, che conosce a Linz nel 1905. Con lui soltanto condivide le sue passioni artistiche e musicali, altrimenti passatempi solitari.

Insomma, il profilo di un folle criminale nato? Non si direbbe. Parrebbe più il profilo di un ragazzino introverso e un po' inconcludente, che raggiungerà l'apice della frustrazione quando si troverà a incassare, per ben due volte, il rifiuto dell'Accademia di Belle Arti di Vienna, che aveva individuato come luogo per affermarsi come pittore.

Più che col seme del male, Hitler sembra nato col seme del fallimento e della frustrazione. Lo stesso Kubizek, nel libro *Il giovane Hitler che conobbi*, racconta un episodio a mio avviso esemplificativo: siamo attorno al 1907, Hitler acquista un biglietto della lotteria e si autoconvince che si porterà a casa una somma di denaro significativa, sarà la svolta della sua vita. Tuttavia, ovviamente, il biglietto non risulta vincente e Adolf reagisce con rabbia, dà di matto, prendendosela col destino a lui avverso.

Ciò che appare evidente è che egli ha coltivato negli anni un profondo senso di ingiustizia e risentimento, dovuto alla mancanza di compatibilità tra talento auto-percepito, ambizioni e triste realtà dei fatti.

Dopo essere stato rifiutato dall'Accademia di Belle Arti, inizia una parabola discendente vertiginosa. Decide comunque di trasferirsi a Vienna, dove vivrà per un periodo con Kubizek, che nel frattempo compie passi virtuosi e studia per affermarsi come direttore d'orchestra.

Adolf è perso, vaga letteralmente per la città saltando da un progetto a un altro: un giorno vuole ideare una nuova bevanda analcolica, un altro riflette sulla fondazione di uno Stato ideale, un altro ancora tenta di ultimare un'opera incompiuta di Wagner. Un bel giorno scompare, lasciando l'appartamento di Kubizek senza neppure avvisare. Cambia vari alloggi, finché il denaro finisce.

Privo di soldi, privo di cibo, privo di una casa, nel 1909 si trasferisce in un ospizio per i senzatetto, dove percepirà una pensione da orfano alla quale neppure avrebbe diritto.

Qui conosce Reinhold Hanisch, un cecoslovacco leggermente più intraprendente di lui. Quest'ultimo, infatti, propone a Hitler di continuare a dipingere e si offre di vendere i suoi quadri, dividendo il ricavato. E ci riesce. Ma perché Adolf non lo fa da solo? Perché affidarsi a questa sorta di agente improvvisato? Semplice: si vergogna.

Ecco: un senzatetto dai vestiti logori, troppo timido e impacciato nell'interagire con gli altri per provare a vendere i frutti del suo lavoro, diventerà il leader di una delle più grandi potenze mondiali, capace di aizzare folle violente e sterminare con ferocia milizie nemiche e innocenti.

Come è possibile? Se una sorta di seme della malefica leadership fosse stato da sempre insito nel cuore di Hitler, la sua scalata sarebbe stata più lineare. Invece il giovane Adolf diventa l'Hitler che conosciamo per caso.

Il 16 agosto 1914, a venticinque anni e senza grandi alternative, parte per il fronte, dove svolge la mansione di portaordini, ultimo degli ultimi. Anche qui non dà prova alcuna di leadership o iniziativa, non lega coi commilitoni e sembra continuare a vivere solo nella sua testa.
Sicuramente, come per molti altri soldati, la Prima guerra mondiale contribuisce a irrobustire la piramide dei traumi di Hitler: nel settembre 1918, in Francia, viene colpito da una scheggia e resta a terra, gravemente ferito. Un soldato inglese, tale Henry Tandey, ha l'opportunità di porre fine alla sua esistenza ma decide, non saggiamente, col senno di poi, di risparmiargli la vita.
Solo qualche settimana dopo, Hitler rimane accecato per oltre un mese a causa di una scarica di iprite, un gas tossico capace di arrecare tormenti non da poco. Viene ovviamente ricoverato, ma quando la sua degenza ospedaliera sta per terminare, la guerra è ormai persa.
Se c'è un momento in cui l'Hitler che conosciamo inizia a plasmarsi, è questo. Nei suoi appunti, scrive: «Alla notizia dell'armistizio, mi colpì la certezza che avrei liberato la Germania e l'avrei resa nuovamente grande. Seppi immediatamente che ciò si sarebbe immancabilmente realizzato».
Tra le follie megalomani e visionarie di Adolf, effettivamente, questa è l'unica che andrà vicina a realizzarsi. Ma anche qui, la sua determinazione quasi ossessiva e la sua forza di volontà sembrano attrici non protagoniste. Se c'è un fattore che invece incide, è il caso.
Terminata la guerra, Hitler torna a essere un uomo senza un indirizzo nella vita. Non sapendo cosa fare e avendo ormai sperperato ogni denaro ereditato dai genitori, si reca a Monaco di Baviera ed entra a far parte dell'esercito. In quella stessa città, nel gennaio 1919 viene fondato il Partito dei Lavoratori Tedeschi, che solo un anno dopo cambierà nome

in Partito Nazionalsocialista dei Lavoratori Tedeschi. Non è Hitler a fondarlo, anzi: lui, teoricamente, non c'entra nulla. Il partito però inizia a fare trambusto, è pieno di teste calde. C'è da mandare come infiltrato un uomo dell'esercito, che cerchi di capirne le mosse. Chiaramente sarebbe impensabile inviare qualcuno di alto rango, non è certo compito da generali o ufficiali. Si decide di inviare un caporale, e la scelta ricade proprio su di lui, Adolf Hitler. Il Führer inviato a sabotare dall'interno quello che sarà il suo partito, ironia della sorte.

Durante una delle riunioni, nell'acceso scambio di opinioni, Adolf perde di vista il suo ruolo e chiede la parola. Inizia a inveire contro la tesi di uno dei presenti, il resto della sala lo acclama. Per la prima volta si sente un eroe. Di lì a poco riceverà una lettera e verrà ammesso come membro ufficiale del partito, senza nemmeno averne fatto richiesta. È titubante, ma continuando a partecipare alle riunioni si rende conto che può avere una voce influente all'interno del movimento. Così è: solo un anno dopo Hitler sarà a capo del partito.

Il seme del male è germogliato, il resto è storia nota.

L'impressione, soffermandoci ad analizzare questo singolo caso di malvagità, è che di innato ci sia davvero poco. È vero, i pensieri antisemiti e l'idea di rivoluzionare uno Stato covavano nella mente del Führer sin dalla sua gioventù, ma viene spontaneo chiedersi se, senza traumi accumulati e circostanze sfavorevoli, sarebbe diventato comunque "l'uomo più cattivo del mondo".

Proprio così. Hitler si è incattivito, imbastardito come un cane in gabbia, ha coltivato frustrazione e desiderio di rivalsa per anni. Questo, io credo, è un sentimento che a seguito di condizioni avverse può montare velenoso all'interno di ognuno di noi, ma sono sempre le circostanze a indirizzarci. E se la ragazzina di cui era innamorato a sedici anni avesse ricambiato il suo amore? E se fosse stato ammesso all'Accademia di Belle Arti? Se la Germania non avesse perso la Prima guerra mondiale? Se il padre, Alois, non fosse stato un violento? E se la madre, Klara, non fosse morta giovane di tumore al seno? Se anche solo una delle altre idee strampalate di Adolf fosse andata in porto, dandogli grandi soddisfazioni lavorative? Staremmo ancora parlando dell'uomo più cattivo del mondo?

Alla larga dal malvagio

Se c'è una cosa che la storia di Hitler ci ha insegnato, è che le apparenze non sempre mostrano l'intero stato delle cose. Una persona senza scrupoli può scrivere poesie, può amare la musica e l'arte pittorica. Alcune fonti, sebbene non vi sia prova certa, sostengono che egli fosse vegetariano; altre, citando alcuni dei suoi stretti collaboratori, come Heinrich Himmler e Joseph Goebbels, asseriscono che Hitler mostrasse un genuino interesse per il benessere degli animali e si preoccupasse della loro cura. Lo stesso Goebbels, ad esempio, scrive nei suoi diari che Hitler era profondamente affezionato ai suoi cani.

Una delle prove più concrete del presunto amore di Hitler per gli animali è l'introduzione di leggi per la protezione degli animali durante il regime nazista. Nel 1933, poco dopo l'ascesa al potere, furono promulgate leggi, tra le più avanzate per i tempi, che vietavano la vivisezione e stabilivano norme per il trattamento rispettoso degli animali: sono esattamente i medesimi anni in cui vengono promulgate anche le leggi razziali.

È surreale pensare che la stessa persona abbia potuto avere un'attenzione così minuziosa per le vite di alcuni esseri viventi, nello stesso momento in cui invece non ha esitato a devastarne milioni di altre, con conseguenze ben più atroci.

Sensibilità e malvagità non sono, dunque, del tutto antitetiche, ma sono sì distanti: possono coesistere nella stessa persona, ma è difficile pensare che vengano esercitate contemporaneamente e, soprattutto, verso lo stesso soggetto. Non esistono persone completamente cattive, così come non ve ne sono di completamente buone: anche l'uomo più malvagio del mondo forse ha trattato in modo amorevole il suo cucciolo o aiutato la proverbiale vecchietta ad attraversare la strada.

Per traslare questo concetto ai giorni nostri basta pensare a un qualsiasi caso di cronaca nera. Spesso il "mostro" è un insospettabile, qualcuno che, prima di assurgere agli onori della cronaca, pareva non avesse mai fatto del male a una mosca e che canonicamente i vicini di casa, intervistati ai microfoni di giornalisti e reporter, definiscono "una buona persona" o "un bravo ragazzo".

Questo ci serve a comprendere che **spesso è difficile *ravvisare* la cattiveria prima che essa venga agita**. Tuttavia, quando iniziamo a conoscere un altro essere umano, esistono segnali e comportamenti specifici che possiamo cogliere per aiutarci a identificarla e, di conseguenza, a proteggerci. Ecco quali sono:

- CONTROLLO E VISIONE. Le persone malvagie spesso cercano di controllare gli altri per ottenere ciò che desiderano; sono capaci di cogliere al volo le occasioni che si presentano loro, proprio come fece Hitler quando comprese che all'interno del partito poteva essere un leader. Quando Hitler viene definito un pazzo squilibrato, si dice il falso. Una volta trovato il contesto all'interno del quale esprimersi, Hitler ha agito mettendo in atto mosse che gli frullavano in testa già da molto tempo. Insomma, era un uomo con un piano.

- MANIPOLAZIONE. Le persone cattive hanno un vasto arsenale di tattiche da utilizzare contro gli altri. Un esempio lampante è il *gaslighting,* termine coniato in onore a una commedia, *Gas Light*, scritta da Patrick Hamilton nel 1938, nella quale un uomo cerca di far impazzire sua moglie manipolando piccoli elementi del loro ambiente domestico e insistendo che lei stia immaginando variazioni inesistenti quando nota questi cambiamenti. Allo stesso modo i *gaslighter* mistificano la realtà facendo dubitare le vittime della loro sanità mentale e percezione del mondo.
- EMPATIA A CONVENIENZA. Si potrebbe pensare che un chiaro segnale di malvagità sia l'incapacità di provare empatia, e in alcuni casi è così. I malvagi sono insensibili ai sentimenti degli altri e certamente non si preoccupano delle conseguenze delle loro azioni, ma possono diventare affettuosi o comprensivi quando serve ai loro scopi. Ciò accade perché spesso anche gli esseri umani più spregevoli possono essere grandi lettori delle emozioni altrui. Questo è fondamentale, perché permette loro di giocare sulla colpevolezza e sulla paura al fine di influenzare le decisioni degli altri.
- NARCISISMO. Come abbiamo visto nel caso di Hitler, il malvagio si piace, è convinto di meritare grandi suc-

cessi e crede che tutto gli sia dovuto, persino l'esito vincente di un biglietto della lotteria che ha acquistato. Il narcisismo estremo è una caratteristica portante delle persone malvagie. Esse spesso si vedono come superiori agli altri e sono ossessionate dalla loro immagine e dal loro successo. Hanno un forte bisogno di ammirazione e possono diventare estremamente aggressive se sentono che il loro ego è minacciato. Proprio come Hitler, fanno fatica ad accettare i fallimenti e tendono alla negazione di fronte alla realtà dei fatti, quando essa è sconveniente.

- INGANNO. Questi individui mentono con facilità e senza rimorsi per coprire le loro tracce o per ottenere vantaggi. Le persone veramente cattive possono creare intricate reti di menzogne, rendendo difficile discernere la verità. Sono in grado di pazientare, di guadagnarsi col tempo la fiducia altrui, salvo poi rivelarsi traditori della peggior specie. Queste persone antepongono sempre i propri scopi e le proprie ambizioni a quelle altrui e, consapevoli di questo, possono autogiustificare ogni loro sotterfugio.
- ASSENZA DI RIMORSO. La mancanza di sensi di colpa è ciò che consente ai malvagi di manipolare, controllare, mentire e raggirare senza scrupoli gli altri, siano essi amici, parenti, conoscenti o nemici. Il vero malvagio ha sempre una giustificazione per le sue azioni, ha una morale tutta sua, che ritiene non possa essere compresa da nessuno se non da lui stesso. Per fare del male agli altri scientemente serve un individuo privo di scrupoli, e solo un vero malvagio possiede questa qualità. A testimonianza di ciò, mi piace riportare quanto scritto dal tenente colonnello dell'e-

sercito americano Samuel Lyman Atwood Marshall nel suo libro *Men Against Fire*, datato 1947. Egli affermò che solo una piccola percentuale di soldati (circa il 15-25 per cento) in combattimento diretto sparava intenzionalmente per uccidere il nemico durante la Seconda guerra mondiale; tutti gli altri, invece, non prendevano la mira onde evitare di avere sulla coscienza la morte di un altro essere umano. Benché il dato riportato da Marshall sia stato negli anni contestato o ritenuto non rappresentativo di ogni conflitto bellico, resta comunque una forte evidenza del fatto che non tutti gli esseri umani, messi in condizione di uccidere o far del male, abbandonano gli scrupoli o i rimorsi, anche laddove sia in gioco la loro stessa vita. L'assenza di scrupoli, insomma, non è qualcosa che si acquisisce su un campo di battaglia, anzi la persona senza scrupoli è quella capace di premere un pulsante e sganciare una bomba su dei civili senza guardare in faccia nessuno, piuttosto che un soldato che ogni giorno si trova a dover schivare pallottole per sopravvivere.

Vade retro

Non è il caso di stilare l'ennesima lista di stratagemmi per affrontare questa tipologia di persone. Se ti rendi conto di avere a che fare con una persona malvagia c'è una sola cosa che puoi e devi fare: allontanarla dalla tua vita.

E tu mi dirai: ma se si tratta di un mio familiare? Di mio padre, mia madre, mio fratello o mia sorella? Se si tratta di un mio caro amico? Peggio ancora, se si tratta della persona che amo? Io vedo del buono in lui/lei e so che può cambiare. Non posso abbandonarlo/a.

È vero, le persone possono cambiare, tuttavia non si può stare accanto a qualcuno nella speranza che cambi, né tantomeno possiamo pretendere di essere noi il motore del cambiamento dell'altro.

Come abbiamo visto in questo capitolo, una persona cattiva è una persona che ti ferisce consapevolmente, non ha scrupoli verso nessuno, e se un giorno tu le dovessi essere d'intralcio, non avrà pietà nemmeno di te.

Se sei certo di avere a che fare con un malvagio, se hai toccato con mano la sua cattiveria, allontanati o allontanalo, chiunque egli sia. C'è un'unica e sola arma a tua disposizione per fronteggiare la cattiveria e si chiama amor proprio.

Quando ti rendi conto che ti si manca di rispetto ripetutamente, quando i tuoi sentimenti vengono calpestati, quando i tuoi bisogni sono ignorati, quando la fiducia viene meno, quando non c'è reciprocità, allontanati. In tutti questi casi stai vivendo relazioni unidirezionali, relazioni in cui continui a dare senza ricevere lo stesso in cambio.

Considerato quanto è difficile cambiare sé stessi di propria volontà, immagina quanto sia sciocco pensare che qualcuno cambierà solo perché glielo hai chiesto tu.

Ho iniziato questo capitolo con un quesito: **malvagi si nasce o si diventa? La risposta è la seguente: non importa**.

L'unica cosa che importa, quando conosci un essere umano, è la stima che ti ispira, il rispetto che ti dedica, l'amore che è capace di dare. Se sulla tua strada incontri una persona cattiva, tossica, marcia, non sta a te comprendere i perché della sua condizione, e anche qualora conoscessi le radici della cattiveria, queste non dovrebbero giustificare azioni crudeli nei tuoi confronti.

Non sei la fonte della sofferenza e non sei il redentore che salva. Puoi comprendere e ascoltare le sofferenze altrui, se vuoi. Puoi persino accompagnare le persone attraverso il loro processo di crescita personale, tenerle per mano, supportarle, ma sempre a patto che loro non rispondano a queste tue buone azioni con malvagità.

IL MONACO E LO SCORPIONE

C'è una storia zen piuttosto nota che narra di un monaco che stava meditando accanto a un ruscello. Durante la meditazione, vide uno scorpione che stava lottando per non essere trascinato via dalla corrente del ruscello. Il monaco decise di aiutare lo scorpione. Allungò la mano per tirarlo fuori dall'acqua, ma lo scorpione lo punse dolorosamente. Nonostante la sofferenza, il monaco tentò di nuovo di salvare lo scorpione, e ancora una volta fu punto. Questo accadde diverse volte.
Un passante che aveva osservato la scena chiese al monaco perché continuasse a cercare di aiutare lo scorpione nonostante fosse stato ripetutamente punto. Il monaco rispose: «Pungere è nella natura dello scorpione, ma aiutare è nella mia».

So cosa stai pensando: la parabola sembra spingerti ad aiutare l'altro a prescindere dal fatto che in cambio egli possa ferirti, eppure c'è un elemento fondamentale che ti invito a considerare. Cosa accadrà al monaco dopo essere stato punto più e più volte? Morirà, intossicato dal veleno dello scorpione.

Aiutare è nella natura del monaco, è vero, ma è altrettanto vero che cacciarsi nei guai, finire nei ruscelli e pungere chi prova a salvarlo è nella natura dello scorpione.

Non ti sto suggerendo di inaridirti, anzi. Se la tua natura è quella di fare il bene, fai il bene. Ma con amor proprio, con dignità, non a costo della tua stessa vita. Ricorda: **un monaco morto non può salvare nessuno scorpione**.

Sii buono, compassionevole e comprensivo con tutti, ma ama chi ti ama.

Conclusioni

Liberi dal male

Avrai certamente riconosciuto, tra le righe di questo libro, qualche volto familiare. O forse, come ti dicevo all'inizio, nei meandri di queste paludi umane avrai persino intravisto il tuo riflesso, o parte di esso.

Se hai capito di essere stato, anche solo a tratti, il violento, il lamentoso, l'invidioso, e forse un po' ti ha dato fastidio, va bene così. Il fastidio è il primo segnale che qualcosa dentro di noi sta cambiando.

Avere dei tratti di personalità non è una condanna, c'è sempre tempo per smussare i propri spigoli caratteriali. So che hai pensato, leggendo, che certe persone sono irrecuperabili, e lo capisco. Alcune delle personalità che abbiamo descritto vivono così immerse nel loro modo di fare da non riuscire a immaginare una via d'uscita. Soprattutto se non sono loro a desiderare una via d'uscita. Il violento non cambierà perché tu glielo chiedi, l'arrogante non diventerà umile solo perché gli fai notare quanto sia fastidioso, e il bugiardo non diverrà improvvisamente sincero solo perché tu desideri trasparenza.

Puoi condurre un cavallo all'acqua ma non puoi costringerlo a bere. È proprio questo insegnamento, però, che deve renderti libero: non sta a te cambiare le altre persone.

Offri supporto, condividi saggezza, sii un buon esempio, consapevole che il cambiamento altrui può partire solo da dentro. So bene che può essere frustrante guardare una persona che ami fare lo stesso errore ancora e ancora, ma ricorda che le energie che spendi per provare a cambiare gli altri sono energie che non investi su te stesso.

Il segreto (di Pulcinella) è che l'unica persona che puoi davvero trasformare sei tu. La vera e unica "arte" che puoi coltivare consiste nel non lasciarti condizionare dai limiti caratteriali altrui.

Abbiamo visto quanto sia facile farsi trascinare nel gorgo della negatività, rispondere alla rabbia con la rabbia, all'invidia con l'invidia, alle bugie con altre bugie, ma l'errore più grande che puoi commettere è proprio questo: adeguarti a un gioco sporco.

Se c'è in te della purezza, mantienila, preservala, difendila a ogni costo: è un dono.

Ecco un piccolo riepilogo, concetti chiave che ti serviranno a preservare la parte più genuina di te:

➢ SMETTI DI CERCARE DI CAMBIARE GLI ALTRI. So che sei stufo di sentirtelo dire, ma sono abbastanza certo che questo sia l'errore che compi più spesso. Se vuoi, passa pure la vita sperando che qualcuno intorno a te cambi, ma sappi che mentre aspetti perdi tempo, energia e serenità. Puoi far notare all'altro che sta sbagliando, che ha un caratteraccio, che dovrebbe migliorare, certo. Ma non sei tu a doverlo salvare. Non ti sto dicendo di subire o accettare passivamente. Al contrario, sto dicendo che devi imparare a tutelarti. E, soprattutto, che la tua felicità non deve mai dipendere da un cambiamento altrui che potrebbe non arrivare mai.

- NON CADERE NELLA TRAPPOLA. Tutti i personaggi che abbiamo analizzato in questi capitoli sono esperti nel trascinarti nel loro campo di battaglia. Vorrebbero che ti accodassi al loro modo di vedere il mondo, che condividessi la loro frustrazione, che giocassi secondo le loro regole. Ma il vero potere sta nel rimanere fuori da questo gioco. Non rispondere alla provocazione con altra provocazione, impara a riconoscere il momento in cui qualcuno tenta di attirarti nella sua trappola e a uscirne prima che sia troppo tardi.
- LAVORA SU DI TE. Come dicevamo, lungo il percorso di lettura forse ti sei accorto che anche tu, ogni tanto, sei un po' invidioso, un po' arrogante, un po' permaloso. È normale, siamo esseri umani. La differenza sta nella consapevolezza: prendi coscienza delle tue reazioni, riconosci quando sei tu a portare negatività nella tua vita e in quella degli altri, e comincia a lavorarci su, sforzandoti ogni giorno di essere la persona che desideri.
- IMPOSTA I TUOI CONFINI. Non puoi cambiare gli altri, ma puoi cambiare il tuo modo di rapportarti a loro. Questo lo si può fare solo stabilendo dei confini. Non si tratta di alzare muri insormontabili, ma di proteggerti da comportamenti tossici e destabilizzanti. Se una persona continua a farti del male con le sue parole o azioni, devi imparare a dirle «no». Saper dire di no non significa essere freddi, cattivi o distaccati, ma solo avere la forza di riconoscere ciò che ci fa star male e allontanarlo da noi.

- ABBANDONA L'ATTACCAMENTO. Alcune persone semplicemente non cambiano. E va bene così. Ricorda: non solo non è tuo compito cercare di salvarle, ma non dovresti neppure sopportarle all'infinito, facendo la fine del martire. Ci sono situazioni in cui è necessario prendere una decisione drastica: allontanarsi. So che può sembrare difficile, a volte si tratta di far saltare un matrimonio, di buttar via un'amicizia decennale, di perdere un lavoro. Ma in alcuni casi questa è la scelta più sana che puoi fare per te stesso, l'unica che ti consente di sopravvivere. Non si tratta di fuggire dai problemi, ma di scegliere consapevolmente di non lasciarti avvelenare dagli altri.
- COLTIVA LE RELAZIONI CHE TI FANNO STARE BENE. A volte siamo così abituati al "malessere" che ci dimentichiamo di quanto sia bello stare con le persone che ci fanno sentire bene. Continua a coltivare le relazioni positive, quelle che ti danno energia, che ti fanno sentire capito, apprezzato e stimolato a migliorarti. Sforzati di essere anche tu, a tua volta e ogni giorno, una persona non dico sempre positiva, ma quantomeno rispettosa. Non serve fare grandi gesti: un po' di gentilezza, una parola di supporto, un momento di ascolto. Questi sono i piccoli mattoncini con cui costruire una vita più felice.

Amen

In fondo, tutto questo libro ruota attorno a una convinzione semplice: il male esiste, e nasce sempre dall'uomo. E va accettato, gestito, affrontato. La filosofia spicciola della positività a ogni costo serve solo a mettersi una benda glitterata e luccicante sugli occhi.

Ma la buona notizia è che, in quanto esseri umani, possiamo tendere alla perfezione. L'errore, doloso o colposo che sia, riguarderà sempre sia noi sia gli altri. Possiamo scegliere come viverlo, però. Possiamo farci sopraffare dalla negatività, lasciarci avvelenare dal prossimo, persino etichettare noi stessi come sbagliati, oppure possiamo imparare a riconoscere il male, a evitarlo per quanto possibile e, soprattutto, a non diventare noi stessi parte del problema. Non è facile, non lo è per nessuno. Ma se c'è una cosa che ho imparato è che il miglioramento è sempre possibile. Dipende solo da te.

Ricorda: l'arte del malessere non deve diventare la tua arte, lascia che siano gli altri a praticarla. Tu impara l'arte del vivere bene.

Ringraziamenti

Non posso fare a meno di ringraziare chi ha contribuito alla realizzazione di questo libro.

Grazie anzitutto a RCS MediaGroup, specialmente a Emma, preziosissima nel correggere ogni mia inesattezza e nel rendere l'opera più scorrevole ed esaustiva.

Grazie a Eleonora per aver visto qualcosa in me e avermi dato l'opportunità di mettere nero su bianco un'idea che nella mia testa esisteva da un po', ma forse non si sarebbe concretizzata senza una spintarella.

Grazie a Gianluca e Alessandro per avermi regalato il loro tempo e le loro competenze fotografiche.

Grazie a chiunque mi abbia insegnato qualcosa. Grazie anche alle persone sbagliate che ho incontrato nella vita, che in qualche modo sono state "giusti" modelli per questi capitoli.

Grazie alla mia famiglia e a chi mi vuole bene.

Naturalmente, ogni omissione o errore possa essere presente nelle pagine che avete letto è mia esclusiva responsabilità.